GISELE RICHARD-DELAPORTE

CONTACTS

ECHANGES

RICHESSES

***

Merci à Marnie pour sa participation à la couverture…

*

Je dédie ce livre à mes fidèles lecteurs et lectrices. Je les remercie très sincèrement de leur fidélité.

*

De la même auteure ;

L'Absence

Que fais-tu dans la rue ?

Tristes enfances…

Oui à la différence !

L'impossible pardon

*

Tout au long de ma vie, j'ai eu l'occasion de rencontrer des hommes et des femmes de toutes sortes, de les écouter, de discuter, d'échanger avec eux. J'ai fait la connaissance de personnes de toutes couleurs, religions, cultures, certaines plus fragiles que d'autres, sans oublier les individus qui se croient supérieurs et qui pensent nous dominer.

Dans ce petit livre, basé sur des souvenirs lointains mais aussi sur d'autres plus récents, je vais essayer de vous raconter ce que j'ai ressenti lors de mes contacts avec toutes ces personnes si différentes les unes des autres, ce que j'en ai retenu. Très humblement je pense qu'elles m'ont enrichie en me permettant de mieux m'intégrer dans notre petit monde. L'enrichissement personnel permet de mieux comprendre les autres, la société, la vie et d'accepter des différences, des oppositions… Ces expériences sont essentielles, je suis ravie de les avoir vécues et c'est avec plaisir que je vous fais partager ces témoignages, tous chargés d'enseignements chers lecteurs, en vous remerciant de me lire….

*

Retour en enfance…

Le matin, comme d'habitude, je vais au café-tabac du coin pour acheter le journal. J'aime bien être au courant de ce qui se passe dans la région. Et, un jour, soudain, je n'en crois pas mes yeux, je vois, à côté de moi, un visage qui me dit quelque chose : c'est Madiana, une de mes copines de l'école primaire ! Surprise, étonnement, je ne m'attendais pas, quarante ans plus tard, à la revoir, à la retrouver.

Et nous avons discuté, discuté… Que de souvenirs ! Et d'abord de notre école, notre lieu de vie commun de l'époque. J'ai beaucoup de souvenirs de l'école primaire. J'y étais élève dans les années 45 à 55. A cette époque la classe commençait tous les jours par une leçon de morale, suivie de l'écriture d'une belle maxime comme « l'argent ne fait pas le bonheur » ou encore « l'union fait la force », etc.… On nous enseignait la politesse, le respect, choses essentielles pour se construire et vivre avec les autres. Cela s'est un peu perdu, c'est dommage. Nous avons évoqué nos amies de l'époque, certaines sont parties au loin, d'autres sont restées et aussi les institutrices qui nous ont formées. Elles étaient exigeantes, c'était normal, il fallait que le cahier du jour soit bien tenu, les fameux « traits de cinq carreaux à quatre carreaux de la marge », les dictées, les problèmes, les rédactions, etc.…

Et nos jeux… la marelle dans la cour, interrompue par le sifflet de la maîtresse… les fâcheries, les bouderies, les petits affrontements qui nous préparaient à la vie future, aux contacts parfois difficiles avec telle ou tel. Ce retour en arrière m'a remplie de nostalgie… j'aurais pu faire mieux, ou moins bien, pas possible de savoir, et les regrets ne servent à rien.

Nous nous revoyons souvent, dans le petit café-bar si gentiment tenu à Vernon. Ce sont toujours des rencontres joyeuses entre amies, et nous nous retrouvons avec d'autres,

Jacqueline, Micheline, Josette… nous évoquons la petite boutique que tenaient mes parents rue de Courcy à Fleury-sur-Andelle, où les gens prenaient le temps de parler, de se confier, de raconter, d'inventer parfois. Mes parents ont tellement aimé cette boutique et leurs clients, tous différents les uns des autres.

C'était un autre apprentissage, celui du contact avec les adultes. Je pense souvent à ces échanges, riches rencontres avec des humains, où l'on apprend à connaître, à écouter, à respecter. J'allais livrer des courses à des personnes âgées, j'apprenais des tas de choses avec elles. C'étaient des personnes qui n'avaient pas fait de grandes études mais elles avaient vécu tant d'expériences, de bonheurs et de malheurs, qu'elles étaient passionnantes à écouter, à entendre, même si l'on se doutait que tout n'était pas « vraiment vrai », qu'elles en avaient imaginé quelques détails, embelli d'autres. Je repartais avec une petite pièce ou un bonbon en guise de remerciement. Et quand certaines disparaissaient j'étais triste,

triste. J'en revois parfois dans ma tête, plusieurs, dont les paroles m'ont marquée, m'ont enrichie.

*

Etudes, travail, mariage, les enfants… Avec les difficultés, les problèmes, les échecs, les victoires, le caractère se forge, je commence d'abord par accepter les différences avec les collègues, puis les gens avec leur caractère, leur façon de voir les choses, j'accepte aussi l'autorité du patron, tout cela me forme   la vie en société, mon esprit s'enrichit avec tous ces contacts… certains sont heureux, d'autres moins, il faut être à l'écoute, on nous sollicite, d'autres couples nous racontent leurs difficultés, leurs enfants sont différents, certains sont compliqués ou fragiles, ont besoin de compréhension, leurs parents sont souvent désarmés, en pleine angoisse ou souffrance se confient, on s'estime parfois heureux d'être ce que l'on est, On côtoie entre autres des gosses visiblement maltraités, des femmes battues... et l'on ne peut pas faire grand-chose...

Il m'arrive souvent de parler avec des jeunes fragilisés par des vies invraisemblables, parents absents ou indifférents, Ils sont très sensibles, attachants, tellement heureux de trouver une oreille, ils sont écorchés vifs et me montrent qu'il ne faut jamais juger sans connaître et aussi que partager un petit moment de notre temps avec eux ne coute pas cher... il suffit de bonne volonté et d'un peu de patience.

*

Un beau jour, je change de vie du tout au tout. Je suis mariée, j'ai deux enfants, 7 et 3 ans, et nous quittons Fleury. Mon mari est nommé principal du Collège de Saint-Marcel, nous allons y habiter.

C'est un changement total par rapport au petit village où je suis née et où j'ai vécu toute mon enfance. Nous arrivons dans un petit bourg sans le moindre magasin. Sur la place d'en haut on trouve juste un boulanger et un boucher… A cet âge, quand on n'a jamais vraiment bougé, c'est dur, dur de s'habituer, de laisser Fleury, les parents, la petite boutique, les voisins, les amis.

Je ne le dirai jamais assez à mes jeunes, pour recevoir, partager, il faut aller au devant des gens, écouter, discuter, sourire, essayer de comprendre.

Nous avons vécu dans ce collège 28 ans. Une équipe de professeurs s'est formée petit à petit… des gens formidables. Nous les avons souvent rencontrés bien sûr. Mais aussi des élèves, des parents, des membres du personnel… nous en revoyons parfois avec plaisir lors de rencontres imprévues, nous avons gardé le contact avec beaucoup de partenaires de cette époque. Nous partageons avec eux des souvenirs encore tout proches, nous évoquons des départs, des amis trop tôt, bien trop tôt disparus…

Pour ma part, j'ai découvert un monde inconnu. L'établissement a été construit en 1970. Nous devions habiter le collège, à l'époque c'était obligatoire. Lors de notre première visite, en août, le collège était en construction, le bâtiment qui devait héberger les logements et l'administration n'était pas sorti de terre… Visite au maire de la commune, qui nous promène à travers le pays. Il n'y a pas de boutiques, si ce n'est une boucherie et une boulangerie… Je suis assez angoissée car je vais être obligée de prendre la voiture pour tout, courses, enfants, etc.…

La rentrée arrive. Déménagement. Un début folklorique : les peintres encore dans l'appartement, les cuisines pour les élèves non terminées ils iront manger à l'école primaire, il manque du matériel scolaire, les vitres aux fenêtres des classes sont posées le dernier jour et un cambriolage a lieu pendant la nuit précédant la rentrée

Dans ma tête je me dis « tu ne feras pas de vieux os ici… ». Les profs arrivent, quelques-uns sont expérimentés mais il y a beaucoup de jeunes « maîtres auxiliaires » qui sont nommés. Ils viennent de loin, de tous horizons, cherchent à se loger tout près… Que de rencontres pour moi…

Le principal et son adjoint vont jouer pendant longtemps les hommes à tout faire car le collège étant communal pour trois ans, il n'y guère de personnel d'entretien.

Là encore, je découvre ce nouveau monde, je m'adapte rapidement à cette nouvelle vie, aux échanges qu'elle impose et donc je n'ai pas l'habitude, Mes enfants aussi. Finalement, ça se passe bien et plus vite que je craignais parce que la situation étant difficile, nous sommes plus solidaires. Nous nous réunissons souvent chez moi pour un petit repas tout simple en petit comité. On discute, on voit ce qui est possible, ce qui ne l'est pas, un peu la vie de famille… on parle de tout et de rien. Avec certains, c'est devenu une amitié, qui dure encore de nos jours.

Je rencontre des parents d'élèves très souvent lorsque je conduis mes enfants à l'école, nous discutons. On me pose des questions, j'y réponds avec prudence mais aussi avec honnêteté.

Nos proches voisins Lili et Serge deviennent nos amis. La douce mère de famille marquée très jeune par la mort de sa mère, Serge le bosseur qui a effectué son service militaire en Algérie au même régiment que mon mari et leurs enfants qui ont l'âge des nôtres. Nous avons beaucoup de choses à nous raconter, à partager, à se souvenir, nous progressons dans la connaissance du monde, tout simplement, tranquillement, sans bruit, sans esbroufe.

De temps en temps, avec les années qui passent, nous parlons de changer de pays, de partir, mais nous hésitons, il est dur de quitter tout notre petit monde. Et nous hésitons aussi à faire quitter leur petit univers à nos enfants…

Nous quitterons le collège lorsque mon mari prendra la retraite avec beaucoup d'émotion. Ce jour-là aussi nous serons frappés en plein cœur par la gentillesse, la reconnaissance de tous, élèves, parents, collègues, c'est très agréable mais teinté de beaucoup de tristesse, comme tous les départs… C'est dur de quitter mais il va falloir s'y faire.

Nous sommes restés proches de quelques vraies amies. Merci à Nicole,

Elisabeth, Marie-Noëlle, Marie-Jo, Annie, Jean-Marie, Madiana, Michelle, Jeanne, Marie-Jo, Jacqueline, Micheline, Bernadette, Claude, etc….je ne peux pas toutes les nommer. Merci à Nicole mon amie depuis longtemps, merci d'être toujours là à mon écoute, à Régine. et aussi à Raymonde, Janine, Joëlle, Yvette, et à bien d'autres anonymes, mes fidèles lectrices.

*

Les Restos.

Et puis un jour j'ai décidé de partager le travail que fournissent les bénévoles en aidant les personnes en difficulté dans le cadre des Restos du cœur. J'ai bien aimé cette période d'échange même si elle ne devrait pas exister à notre époque. Donner un peu de chaleur à ces déshérités qui nous interpellent, quelle leçon nous prenons à leur contact, nous qui, sans être des seigneurs, sommes beaucoup moins concernés.

On découvre la pudeur, la retenue de ces hommes et femmes dont la plupart ne se plaignent pas... familles en difficulté, rejetées par la société, « S.D.F. » je n'aime pas cette expression « sans domicile fixe » on peut croire que c'est volontaire, ce qui est bien rare. Beaucoup ont du mal à pousser la porte du local des Restos, il faut aller au-devant d'eux, les aborder avec un sourire, un regard chaleureux et surtout respectueux, ils ne veulent pas de la pitié qui les humilie, refusent la mendicité tant qu'ils peuvent y échapper. J'en revois encore quelquefois, certains vivent dans un foyer d'autres continuent d'errer, je m'arrête quelques instants, je demande des nouvelles. Ils sourient et ça me touche, ils ont gardé un bon souvenir de nos échanges, j'en suis fière, j'ai fait ce que j'ai pu, même si je n'ai pas su résoudre leurs problèmes.

J'ai écrit un petit livre « Que fais-tu dans la rue ? » et je l'ai offert à mon ami « le sans-domicile » qui maintenant est à l'abri au chaud, après de nombreuses années dans la rue, survivant sans jamais importuner qui que ce soit. J'ai beaucoup discuté avec lui, sans jamais critiquer ses choix, je l'ai toujours considéré comme un être humain. Je l'ai respecté, et aussi plaint ses années de galère.

Si seulement, un jour, je pouvais ne plus croiser de personnes « sans domicile fixe » … C'est mon souhait le plus sincère.

Les bénévoles

Un petit bonjour à ceux que l'on ne met guère sur le devant de la scène et pourtant, sans eux… Quand vous les côtoyez, vous en découvrez des choses sur la vie, sur la nature humaine. Riches ou pauvres, ils ont l'intelligence d'être ouverts sur le monde, ils laissent de côté toutes les différences pour écouter et partager les difficultés.

J'ai beaucoup appris à leur contact, j'espère leur avoir apporté un petit quelque chose…

*

*

La retraite.

Lorsque l'on a vécu pendant si longtemps en communauté et que l'on s'en va, il est nécessaire de se trouver quelque chose de nouveau à faire, sinon le temps risque d'être bien long et la retraite un simple sursis avant... Il nous faut trouver d'autres occasions de contacts, de partages... on va s'occuper des petits-enfants avec beaucoup de plaisir, mais ce n'est pas suffisant, ils grandissent... nous échappent un peu, c'est normal, il leur faut se construire une personnalité, parvenir petit à petit à la maturité, à l'indépendance.

-Tiens, je vais écrire un livre, me dit mon mari…

Il persévère, 2 puis 3 …

Grâce à notre ami Michel nous découvrons les Salons du Livre, des auteurs, des libraires, des auteurs, des lecteurs… un monde jusque là inconnu mais tellement intéressant…

Certains lecteurs se reconnaissent dans un roman, ou retrouvent des situations qu'ils ont vécues… certaines rencontres nourries de confidences sont poignantes, émouvantes. C'est passionnant d'écouter les gens qui sont face à vous et qui parlent de l'intolérance à leur égard, des femmes battues qui souffrent encore après des années de lutte, des victimes de l'inceste définitivement traumatisées. On découvre la vraie vie de certains… quant à la fin de la conversation une femme vous dit :

- J'ai soixante-trois ans et je suis heureuse d'avoir pu, enfin, me confier à quelqu'un. Merci.

Cette simple phrase est, pour moi, toute petite auteure, la vraie récompense de tout le travail que j'ai fourni.

Et c'est aussi l'occasion d'approcher, de rencontrer de grandes vedettes, des « têtes d'affiches ». Il en est de très sympathiques, comme Michel, Anne Richard, Bruno Putzulu… accessibles, toujours aimables. D'autres sont beaucoup plus distants, très sûrs d'eux, il faut de tout pour faire un monde, ce n'est pas grave mais ils ne communiquent que difficilement et cela est sans intérêt, cela ne m'apporte rien. Je me fais quelques copains, Michel, Carole, Ginette, Karine, Bruno, Christian et bien d'autres…Merci à eux de m'avoir acceptée dans cet univers, j'ai beaucoup appris à leur contact, beaucoup ri, souvent partagé, c'est ce qui est le plus important, j'insiste à ce sujet, je le répète, ce sont ces contacts qui m'ont permis de progresser dans la connaissance des autres.

Parmi ces auteurs, j'ai un ami, Raymond. Je vais lui consacrer quelques lignes pour lui « tout seul ». Bravo ce que tu fais malgré ton handicap ! L'écriture te fais du bien, j'en suis sûre. C'est toujours un plaisir de te rencontrer et de discuter avec toi, avec Martine ton épouse et soutien, elle est si dévouée, de voir tes adorables petits-enfants à chaque période de vacances, etc… Nous partageons beaucoup de choses, beaucoup d'idées, on rit, et cela fait toujours plaisir. J'espère que nous participerons ensemble à de nombreux salons, je pourrai ainsi te faire gentiment enrager, de quoi faire rire Martins. Et tu donnes un peu de travail à ma copine Elisabeth lorsque tu te lances dans un nouveau livre, c'est bon pour elle aussi…

Mes enfants et mes petits-enfants font de même et c'est tant mieux, il ne faut pas se contenter d'admirer son nombril, il faut regarder, s'intéresser, … le sourire d'un inconnu déclenche parfois en quelques secondes quelque chose de nouveau, une sensation nouvelle, on oublie ses soucis, c'est bon, c'est la vie…

Parfois dans ces salons du livre, des rencontres avec des personnages originaux, loufoques ont lieu, bien sûr, mais aussi des rencontres poignantes... Par exemple un visiteur cherchait quelqu'un pour écrire le livre de sa vie de galère mais qui ne savait ni lire ni écrire. Il ne pouvait pas faire rédiger ses souvenirs par un professionnel car c'était trop cher pour ses moyens. Nous lui avions conseillé une amie... je ne sais pas si l'affaire a abouti. Le soir, en rentrant, j'ai beaucoup pensé à cet homme, j'aurais voulu l'aider, je ne pouvais pas, il fallait se déplacer chez lui, enregistrer ses confidences, les rédiger, retourner le voir pour vérifier, etc... un gros travail. Je me sentais un peu coupable. Dommage. A-t-il trouvé la bonne personne ? Je lui souhaite de tout cœur... J'ai compris ce jour-là que toutes les vies se valent, méritent d''être racontées, que chaque personne peut avoir envie qu'on connaisse, qu'on se souvienne, un jour, de ce qu'elle a vécu, enduré...

Ma récompense c'est lorsque quelqu'un prend un livre et vient me dire ensuite qu'il a aimé. On en parle, « je préfère celui-ci... je me suis reconnue dans cette histoire... etc... » cela me donne envie de continuer de façon à se revoir pour le prochain il ne s'agit pas de se prendre au sérieux, mais ce contact donne encore plus l'envie d'écrire, la joie d'être lue, ce partage grâce au papier imprimé.

Une femme, battue par son mari, achète le livre qui évoque l'inceste, elle avoue respirer maintenant que son père et son mari sont morts... Elle vit, enfin... Un témoignage poignant, dramatique. La misère de certaines vies est terrible. Cette femme est heureuse de m'avoir parlé, contente d'avoir été écoutée.

Dans les salons nous ne sommes pas seuls, d'autres auteurs sont présents, bien sûr. Michel, l'historien bien connu, Carole la douce qui ne se plaint jamais (et pourtant...) Karine, Christian, Bruno le comédien célèbre resté si simple et bien d'autres. Et aussi les organisateurs, les bénévoles, tout ce monde sans lequel ces manifestations ne seraient pas possibles. Ce serait dommage aussi.

*

Notre nouveau quartier

Le départ du collège fut très difficile à vivre. Que d'interrogations ! Comment allons-nous nous adapter à cette nouvelle vie ? A nos nouveaux voisins ? Et le nouveau logement ? Le nouvel environnement ? Nous sommes habitués à voir une cour pleine de cinq à six cent ados tous les jours, à rencontrer les professeurs, tous les personnels. Ici c'est le calme qui règne, pas de bruits, pas de rires d'enfants, pas d'échanges journaliers… dur, dur…

Mais cette fois-ci encore nous avons beaucoup de chance. Les voisins sont sympas, certains ne sont là que pour peu de temps, déménagent à leur tour, dommage, on s'entendait bien, les plus proches sont des piliers de la rue, toujours prêts à rendre service, disponibles au moindre problème, et aussi pour discuter sur le bord de la route. C'est réconfortant dans les moments difficiles. Une soirée entre voisins chez Brigitte et Amel, un repas Chantal et Patrick, le super cuistot. Une fois par semaine, un petit moment chez Chantal, il fait froid chez elle, on garde le manteau mais on s'amuse bien… toujours le même plaisir.

Merci les voisins ! Discussions avec Daniel, l'homme du SILO, avec Valérie et sa pharmacie, avec Patrick le DRH, Brigitte la prof, Nathalie toujours prête à aider, etc… Tous leurs boulots sont différents,

Finalement, nos craintes étaient sans objet, nous ne sommes pas si mal dans notre quartier.

La vie se construit aussi, petit à petit, grâce à des rencontres occasionnelles, qui nous obligent parfois à revoir des convictions.

Les grandes surfaces

Avec la mort des petits commerces, elles sont devenues des endroits indispensables à visiter pour y faire les achats de base. Vous avez fait votre plein de courses et il faut partir. Vous vous retrouvez à la caisse avec, devant vous, trois ou quatre clients munis de caddies pleins, et autant derrière vous… Vous vous rendez-compte tout de suite si vous pouvez entamer une petite conversation de façon à patienter sans trop s'énerver. Il y a ceux qui râlent parce que ça ne va pas assez vite, en particulier s'il y a une erreur, ceux qui soufflent, ceux qui vous poussent le caddie dans le dos, les resquilleurs qui essaient de vous « dépasser » dans la queue, et puis ceux qui sont patients et attendent tranquillement leur tour, sourient, et avec lesquels vous pouvez entamer une petite conversation. On peut parler des enfants, oui ils sont turbulents ou sages, mais c'est un plaisir de discuter avec des gens « normaux », qui ne sont ni excités, ni agressifs. Notre tour arrive, nous nous séparons, un sourire, c'est tout bête mais tellement sympathique…

C'est une des raisons pour lesquelles il faut sortir de son isolement, aller vers les autres, les gens « vrais » sont dans la rue, dans les cafés aussi. On en rencontre partout chez le coiffeur, aux consultations médicales, etc… et un merci au personnel qui nous accueille il lui faut souvent de la patience avec certains clients…

*

L'homme au petit chien.

Nous avions terminé nos courses, mon mari et moi, et revenions tranquillement vers la voiture, le caddie chargé. Mon attention est alors attirée par un Monsieur d'un certain âge, assis sur un banc. Tout à côté de lui, est assis un adorable petit chien, couleur crème, poils fournis, tête carrée, qui semble sommeiller. Nous nous arrêtons quelques instants pour le regarder et, soudain, il se dresse sur ses pattes arrière et, remuant ses pattes avant verticalement, nous fait des signes d'amitié, comme s'il nous faisait la fête et nous invitait à la partager. Je regarde le Monsieur et lui dis :

- Il est vraiment mignon votre petit chien. On croirait qu'il nous salue…

L'homme, tout content, sourit et entame une petite conversation concernant l'animal :

- C'est un cairn terrier, il aime beaucoup se promener dans les champs et il est très affectueux. Il aime aussi les rencontres. Comme moi.

Le Monsieur est visiblement heureux que l'on s'intéresse à lui et continue :

- Vous savez, en vieillissant, on nous oublie, on ne voit plus grand monde, les visites sont rares et les coups de téléphone aussi. Ce petit chien, c'est ma dernière compagnie…

Nous discutons avec lui quelques minutes puis nous lui souhaitons une bonne journée. Lorsque nous l'abandonnons il nous remercie d'un large sourire, visiblement heureux d'avoir discuté quelques instants avec nous, appréciant que quelqu'un se soit arrêté pour lui parler.

Depuis qu'il nous avait fait signe, le petit chien avait repris sa position allongée tout près du Monsieur et n'avait plus bougé. Il avait compris le besoin de contact de son « maître » et l'avait exprimé, nous avait attirés. Il avait fait son travail et maintenant il se reposait. Entre l'homme et l'animal, il y avait de l'amitié, peut-être même plus. La laisse les unissait vraiment, il ne s'agissait pas de domination, en réalité ils ne faisaient qu'un.

Nous sommes repartis contents, nous aussi, de cette rencontre agréable.

Les cafés.

Celui de Vernon que je fréquente parfois, appelons-le café des Tilleuls, nous y allons surtout pour acheter des timbres, un journal, un grattage, faire un ticket de loto, dans l'espoir… Et, comme il y a du monde, on attend, et à l'occasion, on cause. Il y a des habitués qui sont presque toujours installés aux mêmes endroits, à la même table. Martine, Alain, Evelyne, Pascal, Corinne, Sophie, Franck… beaucoup de monde. On attend, on fait la queue, on entame une conversation, on s'en va, on revient le lendemain, petit à petit, un groupe se forme, ils sont là, on discute de plus en plus longtemps, ils deviennent des connaissances, des relations suivies, très diverses par leurs origines, leurs métiers, leurs vécus, leurs histoires…

Sophie parle de sa famille, qu'elle ne connaît pas, on l'écoute, on s'attendrit, elle veut un copain, c'est passionnant ces remarques dues à des vies qu'on n'imaginait pas. On échange des blagues avec Martine et Alain, un moment de détente assuré. Evelyne ……. Franck, lui aussi n'a aucun soutien familial, il est heureux de discuter, il m'appelle parfois « maman », ça me fait tout drôle. Corinne et Pascal qui viennent moins souvent mais ces jours-là on discute ferme, Frédéric le rigolo, dernier arrivé dans le club… Damien le petit jeune qui vient de faire une rencontre accompagné de son copain Gianni, etc… on y rencontre la vie, tout simplement.

Et les « barmen », des costauds, Michel qui sert le tabac et les jeux à gratter, il est d'une humeur changeante mais on le sait, il se donne des airs de dur mais à la réflexion, sous la carapace, on voit bien que c'est factice, le petiot qui aime tout le monde et aussi Alexandre,..

C'est le lieu le plus fréquenté par des individus de cultures différentes, de couleurs différentes, de conditions sociales différentes, qui se croisent pacifiquement, se respectent, ils sont tous venus chercher ce petit quelque chose qui leur permet d'espérer, de rêver d'une vie meilleure.

On doit, on peut, éduquer ses enfants, ne pas leur laisser faire n'importe quoi, mais le mot « correction » devrait être interdit. Il est fréquent que les voisins ne comprennent pas certains messages, les prenant pour des bêtises de gamins, « les parents ont l'air bien » pensent-ils, « c'est leur affaire, pas la nôtre » mais les brutalités sont plus nombreuses qu'on ne croit et les appels au secours restent le plus souvent sans réponse…

Ce qui se passe à l'intérieur de la tête d'un de ces enfants incompris est pourtant terrible, souvent horrible, toujours insupportable. Ils en seront marqués toute leur la vie. Et ce problème existe dans des familles très différentes en apparence. Dans ces conditions on ne peut plus parler d'enfants heureux, il n'en est même plus question… Oui, bien sûr, nous devons éduquer nos enfants, les préparer à devenir des hommes et des femmes responsables mais il ne faut pas en faire des souffre-douleurs.

*

Lorsque vous êtes confrontés à de graves problèmes de santé, vous êtes heureux que l'on vous écoute, vous vous rendez compte rapidement du dévouement, de la patience à l'écoute de certains et certaines, plus nombreux (-ses) et attentifs (-ves) que l'on croit. Tout ce monde fait ce qu'il peut mais il est vrai que dans des conditions difficiles, manque de moyens et manque de temps, la perfection ne peut exister. Merci de nous comprendre, de nous aider même si... merci à Sophie, Aurélie, devenues nos docteurs

*

Les amis malades...

Par respect je ne les nommerai pas, mais le plus souvent ils nous donnent des leçons de courage. Nous avons partagé de bons moments avec eux, des passages plus difficiles, des soucis... Ils sont et resteront nos amis. Certains sont disparus, il nous reste des souvenirs communs, repas, vacances, blagues… tous ces instants que nous avons partagés avec eux. Nous pensons à eux bien souvent, on essaie de les soutenir…

*

On doit, on peut, éduquer ses enfants, ne pas leur laisser faire n'importe quoi, mais le mot « correction » devrait être interdit. Il est fréquent que les voisins ne comprennent pas certains messages, les prenant pour des bêtises de gamins, « les parents ont l'air bien » pensent-ils, « c'est leur affaire, pas la nôtre » mais les brutalités sont plus nombreuses qu'on ne croit et les appels au secours restent le plus souvent sans réponse…

Ce qui se passe à l'intérieur de la tête d'un de ces enfants incompris est pourtant terrible, souvent horrible, toujours insupportable. Ils en seront marqués toute leur la vie. Et ce problème existe dans des familles très différentes en apparence. Dans ces conditions on ne peut plus parler d'enfants heureux, il n'en est même plus question... Oui, bien sûr, nous devons éduquer nos enfants, les préparer à devenir des hommes et des femmes responsables mais il ne faut pas en faire des souffre-douleurs.

Je n'ai pas parlé de ma famille, mon mari, mes enfants, mes petits-enfants, etc... J'ai beaucoup donné, ils m'ont beaucoup apporté. Nous constituons une famille unie, construite à l'exemple de ce qu'ont bâti nos parents... Qu'ils continuent ainsi !!! Bonne chance !

*

Je ne peux pas continuer ce témoignage sans penser aux échanges ratés. Des râleurs, des aigris, des méfiants, jaloux, intolérants, sans cœurs, sans sourire, pas aimables, distants, prétentieux…. Il en existe énormément mais avec l'âge on s'habitue, j'ai appris à les oublier, j'ai tellement eu de plaisir à discuter avec les autres….

*

Et des histoires bien plus graves m'ont beaucoup appris… deux exemples

*

Mauricette

Dans cette famille qui compte cinq enfants. Mauricette est la troisième de la fratrie. La mère ne sort pas beaucoup dans le pays. C'est son père, coiffé d'un chapeau garni d'une plume, genre tyrolien, qui, se promenant de bistro en bistro, joue le coq de la maison. Il n'a pas de travail fixe, petit indic, il donne quelques renseignements à la police, et se rend utile en tant qu'agent électoral d'un politicien local qui le protège dans bien des cas.

L'école n'est vraiment pas la priorité de la maison. Mauricette voudrait bien la fréquenter assidûment plutôt que d'être à la merci de ses frères et de son père. On lui donne à effectuer des tâches ménagères qui ne sont pas de son âge. Agée de quatorze ans, elle a été promenée d'un établissement scolaire à un autre et se retrouve maintenant dans un collège de l'Eure dont le cadre verdoyant lui plaît. Elle s'y est assez bien habituée, bien que son habillement et son langage aient posé un problème à ses camarades, qui l'ont intégrée petit à petit, avec ses différences. Elle ne s'y déplait pas, elle y trouve même un certain réconfort grâce aux professeurs compréhensifs. Elle apprécie la cantine où elle mange mieux qu'à la maison.

Un problème important est celui du transport. Comme elle est scolarisée dans un établissement qui n'est pas celui où elle devrait être, c'est son père qui assure son transport. Mais lorsque celui-ci est embarqué dans une discussion au bistro, il l'oublie… et l'établissement appelle la police pour la reconduire au foyer familial, dans le « panier à salade ». Même si les policiers comprennent les choses et ne sont pas agressifs, ce n'est pas agréable. Il arrive même qu'elle ait peur de ce transport et qu'elle tente seule de retrouver le chemin de la maison, on l'a retrouvée errante sur la route. Que s'était-il passé ? On ne le saura jamais.

Mauricette a peur des représailles, se tait la plupart du temps quand on l'interroge, ment souvent. Cela ne changera pas c'est une pauvre gosse. Il lui arrive de se blesser, n'est pas soignée chez elle, c'est à l'école qu'elle recevra les premiers soins. Quand on veut appeler l'hôpital elle se rebelle un peu, ne veut pas, dit que ce n'est pas grave. Elle a peur des conséquences quand elle va rentrer.

Somme toute elle ne se sent bien qu'à l'école. Elle n'y est pas humiliée, est au chaud et mange normalement. Une personne de l'établissement la bichonne un peu, elle aime bien qu'on s'occupe d'elle, ça lui provoque quelques rares sourires… Tout le monde est conscient des difficultés mais les protections du père empêchent une action pour la sauver. Que deviendra-t-elle sortie du système scolaire, sans la moindre qualification, lâchée dans une famille sans pitié, avec une mère inexistante, et un père dictateur, qui fait la loi dans toute la famille, tellement hypocrite qu'il s'arrange pour que personne ne se préoccupe de la vie de Mauricette, pas plus que de celles de ses frères, de la mère… Il tient tout ce monde sous sa coupe. Et ne fait rien que de diriger pendant que ses fils vont « au boulot ». Des boulots curieux, comme voler dans les vestiaires des équipes de sport pendant les matchs… Il les a dressés à accomplir ces petits vols qui rapportent tout de même suffisamment pour lui permettre de fréquenter les bistros à ce père indigne. Que prévoit-il pour Mauricette ?

La scolarité de cette gamine va très vite se terminer. Pas d'études, aucun soutien extérieur de la famille, la galère pour trouver de petits boulots… Dramatique, car la renommée de cette famille, (les frères ayant quand même été pris quelques fois la main dans le sac) font qu'à l'énoncé de son nom, le regard change, et personne ne l'embauche. Pourtant elle voudrait s'en sortir, avoir une vie comparable aux autres filles de son âge, mais elle s'habille avec des dons, elle ne va jamais au coiffeur, son père préférant une coupe quasiment « boule à zéro », on la prend souvent pour un garçon, il dit partout que c'est pour vaincre les poux... elle n'a rien d'attirant la pauvre.

Au fond, Mauricette passera les meilleurs moments de sa jeunesse pendant cette année au Collège. Elle est très faible scolairement dans toutes les matières, sachant à peine lire et écrire... Elle fait quelques progrès arrive au bout et il lui faudrait trouver un apprentissage. Certains profs essaient de la faire parler, de savoir ce qu'elle aimerait faire ensuite. Elle finit par confier qu'elle aimerait s'occuper de personnes âgées ou d'enfants. Souvent ceux qui ont eu des enfances malheureuses ont envie d'aider les autres, de donner un peu d'amour, eux qui n'en ont jamais reçu. Elle se confie parfois à une personne du collège : jamais de Noël, d'anniversaire, pas la moindre marque d'affection... les chiens sont mieux traités. Elle dit avoir parfois des idées terribles : disparaître et faire disparaître son père.

La fin de l'année scolaire arrive. C'est un déchirement pour Mauricette. Elle va quitter ce milieu scolaire, là où elle avait trouvé des gens qui se sont occupé d'elle avec de l'affection. Elle craint ce départ. Trouvera-t-elle un apprentissage ? Elle se doute que son avenir ne sera pas brillant, la vie en dehors de l'école, la vie professionnelle est dure pour des gens comme elle. Elle est très faible mais peut-être pourrait-elle parvenir à un CAP dans le domaine sanitaire et social. Ce sera difficile mais pourquoi pas, bien soutenue elle pourrait y arriver ?

C'est compter sans le père. Il veut qu'elle aille travailler, ce qui est normal puisque lui ne fait rien et vit aux crochets de la société. Ce père a des idées très précises concernant la carrière de sa fille : elle doit avoir des enfants, ce qui lui donnera des droits pour toucher les Allocations Familiales, qu'il confisquera pour son plus grand bonheur. Après tout, pourquoi pas ? Pendant ce temps les policiers arrêtent de temps à autre les frères pour de petits larcins et Monsieur se promène toujours en ville avec son beau chapeau… Il serait peut-être logique d'intervenir pour savoir ce qui se passe dans cette famille : Mauricette est-elle victime d'inceste ? Et ses frères profitent-ils d'elle ? Est-elle la tête de turc de la famille ? Y-a-t-il des harcèlements, des mauvais traitements ? Beaucoup de doutes mais toutes les quêtes suggérées n'aboutissent à rien, mieux elles ne démarrent même pas. Pas grand-monde n'ose intervenir dans ce foyer car les protections sont efficaces, très efficaces.

Comment Mauricette a-t-elle intégré ce monde du travail ? On ne le sait pas exactement, car elle a été perdue de vue quelques temps, les moments où elle était sans soutien dans les griffes de son père. Un des professeurs du collège la revoit par hasard quelques temps plus tard… elle lui apprend qu'elle bosse dans une usine de confection. Elle trouve le milieu très dur, très spécial, fait beaucoup d'heures guère payées. Elle est très jeune, ne trouve pas une place dans cette boite. Elle dira à son ancien prof qu'un garçon lui court après, lui fait des avances. Elle a peur. Elle aimerait connaître quelqu'un à qui se confier. Sa mère est une pauvre femme sans défense totalement dominée par son mari, un père odieux et sans scrupules, ses frères passent une bonne partie de l'année en prison pour des vols… Elle va garder tout pour elle comme elle l'a fait pendant toute son enfance et son adolescence.

Les semaines, les mois passent sans que l'on sache ce qu'elle devient mais, par une belle journée d'été une de ses anciens professeurs rencontre le père en ville. Elle avait eu affaire à lui plusieurs fois pendant la scolarité, quand il acceptait de se déranger, pour demander une bourse par exemple ou pour régler un différend. Après l'entrée en matière il annonce fièrement à la prof stupéfaite que Mauricette vient d'accoucher de son premier bébé ! Elle n'a pas encore dix-sept ans ! Le jeune homme, nouveau père de famille, n'était pas présent lors de l'arrivée du bébé mais c'est sans importance. On n'a pas besoin de lui : nous aurons le bébé à la maison et Mauricette reprendra son travail. On comprend que ce qui l'intéresse c'est de toucher les primes… Il n'en parle pas mais comme le jeune homme ne voulait pas rester avec Mauricette il lui a demandé de l'argent !

- Elle finira bien par lui trouver un père plus tard !

La prof a envie de le gifler. Que répondre à ce père ? Mauricette doit-elle continuer de vivre comme elle a commencé, sans amour, sans aucune satisfaction, à faire des enfants avec des pères différents, vivre comme une chienne sans abri puisque la protection de son père est dangereuse pour elle ?

Mais Mauricette mère de famille va changer. Malgré son faible niveau intellectuel, l'arrivée du bébé a donné des idées de liberté, de rébellion à la jeune fille. Conseillée par une camarade de travail écœurée par sa situation elle s'adresse à une assistante sociale qui l'écoute et c'est le début de la délivrance, elle respire enfin un peu d'air frais… Cette rencontre va changer sa vie au moins pour quelques temps. Elle raconte sa vie, son calvaire. Avec son père elle dit qu'elle se sent en danger avec le bébé. L'assistante lui trouve un foyer pour femmes isolées avec enfant, un hébergement provisoire avec des personnes qui vont la guider, lui donner des conseils pour trouver du travail. Elle n'a pas l'habitude de cet encadrement, elle qui a toujours été livrée à elle-même. Bien sûr son père entre dans une colère folle à l'idée que sa fille quitte la maison : si son esclave s'en va avec le bébé adieu les primes et autres aides… il ne pourra plus les confisquer pour en bénéficier tranquillement et frimer dans les bistros de la ville. Il faut que l'assistante sociale et les policiers aident Mauricette pour qu'elle puisse s'installer au foyer. Une page se tourne.

La voilà installée avec bébé à quelques kilomètres de sa famille. Elle est enfin protégée de son père. Plusieurs femmes sont là avec leurs enfants. Les situations sont toutes différentes, mais il y a beaucoup de femmes battues ou abandonnées, des veuves sans un sou, etc. Pour la première fois de sa chienne de vie Mauricette respire : ces femmes dans le malheur s'entraident et l'aident, elle a droit au respect, on lui donne des conseils pour le bébé... Mais il faut repartir chercher des petits boulots, le foyer n'est qu'un passage, elle doit se trouver un petit logement indépendant pour elle et son fils, et, pourquoi pas un gentil mari... Elle pense à tout ça notre Mauricette, elle a été trompée une fois trop naïve, évidemment, pas assez éclairée par les adultes. Elle n'a connu que brutalité, injures, mauvais traitements, elle espère, elle veut que ça change, elle y croit très fort. La chance sera-t-elle de son côté, pour une fois ? Ce n'est pas sûr, hélas...

Quelques semaines passent, sans problème, sans nouvelles de sa famille, ça fait du bien. Le joli petit garçon, Thomas, son fils, vient d'avoir six mois et se porte bien. Le père a complètement disparu de la circulation. L'ambiance au foyer est bonne l'hiver arrive.

On tricote, on fait de la couture, on cuisine, tout cela est « découverte » pour Mauricette et se fait dans le calme accompagné de bons conseils. On a fini par trouver une petite formation pour Mauricette « l'aide aux personnes âgées », ce qu'elle a toujours eu envie de faire. Une formation en alternance avec très peu de cours théoriques. Mauricette a du mal dans cette partie à cause de son faible niveau scolaire mais réussit bien en stage pratique chez les personnes âgées. Elle y trouve un équilibre en se sentant utile, en s'occupant des autres, en leur procurant un peu de bien-être, en leur donnant de l'amour, ce qu'on ne lui a jamais donné. Au fil des semaines elle progresse. Elle a envie de s'en sortir et pour cela il lui faut aller jusqu'au bout de cette formation et, au final, elle aura un petit diplôme si tout va bien. Elle pourra ensuite essayer de se faire embaucher dans une mairie pour avoir un petit poste d'aide à la personne… Quand Mauricette travaille Thomas est à la crèche et, le soir, la mère et le bambin regagnent ensemble le foyer.

Les jours et les semaines passent et l'examen arrive. Tout le foyer la soutient et Mauricette est reçue à la grande joie de tous. Elle a obtenu le diplôme elle explose de joie, pleure dans les bras de ses amies du foyer, elle n'y croyait pas… Enfin quelque chose de bien pour elle, surtout la récompense de ses efforts. Elle remercie comme elle peut toutes celles qui l'ont aidée, soutenue durant cette année. Un moment de chaleur collective étonnant.

L'espoir est revenu : elle aura bientôt un emploi, un salaire qui lui permettra de louer un tout petit appartement pour elle et bébé. Elle demandera de l'aide pour avoir un logement social moins cher. Elle pourra rêver de rencontrer un jeune homme qui l'aimera et qui sera un bon père pour le petit Thomas. Elle y pense souvent et y croit.

Tout se passe comme prévu : on lui trouve un petit emploi. Il s'agit d'aider une dame seule de 88 ans. Sa famille habite au loin et elle a du mal à se déplacer dans sa maison. Mauricette devra lui faire un peu de ménage, être présente au petit déjeuner et au repas de midi, repas livrés par la commune, et faire les courses. Une autre personne s'occupera du repas du soir. Mauricette est aux anges. Le bébé restera à la crèche. Très vite le courant passe bien entre Mauricette et cette vieille dame, Hélène. Entre deux petits services elle se laisse aller à quelques petites confidences. La dame apprécie et lui confie aussi quelques petits secrets, c'est un peu la mamie que Mauricette n'a pas eue, elle lui apporte un peu de chaleur, ce qu'elle n'avait jamais eu. Lors d'un petit quart d'heure de bavardage, Mauricette confie à Hélène qu'elle a un bébé, dont le père est aux abonnés absent depuis bien longtemps déjà, toujours à vrai dire. Plus tard Mauricette recevra de petits cadeaux d'Hélène pour son fils.

Pour compléter les bonnes nouvelles Mauricette obtient un petit logement de 45 mètres carrés situé dans un immeuble pas bien loin de son travail et de la crèche. De temps en temps elle ira voir les responsables du foyer avec lesquels elle a tissé des liens d'amitié et de gratitude. Elle emménage aux vacances d'été. Tout le monde l'aide, lui donne des choses. Hélène est très généreuse avec elle.

Ce logement est au premier étage ce qui est bien pour s'équiper de diverses choses et aussi de monter la poussette de l'enfant. Cet immeuble comporte une trentaine de logements sur deux étages et un rez de chaussée. Mauricette s'installe doucement. Thomas aura sa chambre, Mauricette dormira dans la salle à manger sur un canapé qu'elle a récupéré à Emmaüs avec d'autres petits meubles qui l'ont bien dépannée pour un tout petit prix.

La vie de Mauricette et Thomas semble bien tranquille. Il grandit, arrive à un an, marche et gazouille, vivant la journée en crèche avec des petits de son âge. Tout va bien pour l'instant. L'amitié entre les deux femmes, Mauricette et Hélène, se renforce au jour le jour. Mauricette arrive même à être un brin coquette. Elle a maintenant l'allure d'une femme et non celle d'un garçon misérable. Toutefois le mauvais sort va encore s'en mêler.

Au rez de chaussée de l'immeuble elle croise souvent un homme d'une trentaine d'années qui semble vivre seul. Régulièrement il lui dit bonjour avec le sourire et elle lui répond timidement, elle est encore jeune, à dix-neuf ans elle se méfie mais elle est contente que quelqu'un ne l'ignore pas, elle a tellement manqué de contacts avec les autres.

Un soir, rentrant avec Thomas elle tombe sur cet inconnu qui la salue et lui demande subitement :

- Bonjour, Il y a longtemps que vous habitez ici ?

- Non, répond-elle quelques semaines seulement.

- Vous vous plaisez ?

- Oui, merci.

Voyant que la conversation est difficile à lancer il ajoute

- Moi je suis ici au rez de chaussée, c'est bien, c'est calme…

- Oui, bonsoir Monsieur

- Bonne soirée à bientôt…

Mauricette monte l'étage et rentre chez elle toute travaillée par cette conversation subite. Elle n'a pas l'habitude qu'on lui adresse la parole comme ça.

« Il a l'air charmant, se dit-elle. Vit-il seul ? ». Bon, reviens sur terre ma fille occupe toi de Thomas et du repas à préparer pour nous deux. Elle est toute songeuse après cette rencontre.

Le lendemain elle va chez Hélène en fin d'après-midi, et doit passer vite fait voir ses amies du foyer après avoir récupéré Thomas. Va-t-elle parler de cette conversation avec son voisin ? Non rien, il n'y a rien d'anormal que l'on se dise bonjour entre voisins. Il n'y a rien de plus, il faut chasser les idées bizarres. Malgré tout, inconsciemment, elle voudrait tellement être comme toutes les jeunes femmes qui vivent heureuses avec mari et enfant, avec un bon père pour son fils, qu'il grandisse dans un milieu « normal » en tout cas différent de celui où elle a vécu. Elle a complètement perdu de vue sa famille qui, apparemment ne s'est pas inquiétée de son départ. Personne ne l'a recherchée, ni même cherché à la contacter… Quelque chose lui manque, elle le sent, peut-être sa mère qui doit toujours vivre sous la domination de ce père odieux. Où sont-passés ses frères ? Restés à la maison ou atterris en prison ? Peut-être qu'un jour elle cherchera, elle aimerait savoir ce qu'ils sont tous devenus mais pour le moment, elle commence à sortir la tête de l'eau, on verra ça plus tard.

Il se passe deux semaines sans qu'elle ne revoie le voisin, bizarre… l'automne commence à montrer le bout de son nez. Hélène, attaquée par les rhumatismes, a de plus en plus besoin des services de Mauricette. Celle-ci reste parfois un peu plus que le temps prévu, elle est tellement gentille avec elle, c'est presqu'un plaisir mais ne lui parle pas de sa rencontre avec le voisin du dessous. Un jour peut-être…

Elle a revu une amie du foyer et une responsable, elles ont bavardé un peu, ça fait du bien, elles sont contentes pour Mauricette, puisque travail, enfant, tout va bien pour l'instant.

Le soir elle se retrouve seule avec Thomas elle est heureuse mais quelquefois elle aimerait raconter sa journée, partager sa soirée avec quelqu'un. Nous avons tous besoin d'une oreille qui nous écoute, d'amitiés, et aussi de partage. Elle va connaître bientôt ces moments espérés. Un soir qu'elle rentre comme de coutume avec Thomas dans les bras elle tombe nez à nez, dans le hall d'entrée avec le voisin. Il entame la conversation

- Bonsoir, dit-il

- Je ne vous voyais plus… répond-elle

- C'est vrai que mes horaires de travail changent souvent, j'ai un travail en intérim ce n'est pas toujours facile, heureusement je suis célibataire… du moins pour l'instant.

- Moi j'ai des horaires assez réguliers à cause de mon fils qui est à la crèche en journée.

- C'est bien de le récupérer à heures fixes.

Mauricette s'aperçoit qu'elle arrive à parler à cet inconnu assez facilement. La conversation se prolonge avec quelques banalités, le temps qu'il fait, etc.…

Avant de se séparer l'homme avance une idée inattendue :

- Nous pourrions peut-être nous voir un soir chez moi devant un verre pour discuter un peu, si vous êtes libre, bien sûr…

Mauricette est surprise et intimidée. Elle répond doucement

- On verra. Pourquoi pas ? Bonsoir

- Bonne soirée et à bientôt, répond-il.

La jeune femme va passer la soirée à réfléchir. Que dois-je faire s'il m'invite un jour ? Que fait-il dans la vie ? Intérim c'est vague. A-t-il quelqu'un ? Il faudra que je fasse attention, j'ai tellement été trompée par tout le monde. Il ne faut pas que ça recommence. Ma vie en ce moment est tranquille, il ne faut pas que mon fils souffre, surtout qu'il n'ait pas l'enfance que j'ai connue...

Une semaine plus tard, un vendredi en fin d'après-midi, nouvelle rencontre dans le hall de l'immeuble. L'invitation ne se fait pas attendre :

- Bonsoir ma voisine, demain samedi je suis libre en début d'après-midi et vous ?

Curieusement elle répond rapidement

- Moi aussi.

- Alors bonsoir et à demain : je vous invite devant un gâteau et un jus de fruit, avec votre fils. Si je dois acheter quelque chose pour lui vous me le dites. Je n'ai pas l'habitude des petits.

- Merci, répond-elle, j'apporterai son goûter, car il a ses habitudes.

- Donc à demain, vers quelle heure ? 16 heures ? Ça vous convient ?

- Bien, à demain Monsieur.

Elle grimpe son premier étage plus vite que de coutume les larmes aux yeux, enfin quelqu'un qui lui parle, un homme en plus, elle qui se sait peu intelligente, et pas belle avec ça on le lui a assez dit… Que va-t-il lui trouver ? Elle que l'on a toujours rabaissée, méprisée…

Elle dort mal pendant la nuit du vendredi au samedi, pense et repense à cette rencontre… Le samedi elle passe rapidement chez Hélène, qui attend quelqu'un, ce qui la libère pour son fils. Elle se dit qu'elle attendra de voir ce qui va se passer lors de cette visite, avant d'en parler à Hélène. Une journée qui semble longue à Mauricette, sans s'en rendre compte elle a hâte d'être à 16 heures.

Elle rentre chez elle pour se bichonner puis prépare ses affaires et le goûter de Thomas.

A l'heure prévue elle descend de l'étage et sonne, un peu tremblante, à l'appartement. Le garçon vient ouvrir et l'accueille avec un large sourire.

- Bienvenue, lui dit-il, dans mon humble appartement. Je me prénomme Jean et vous ?

- Moi c'est Mauricette et mon fils c'est Thomas.

- Maintenant que les présentations sont faites nous nous appellerons par nos prénoms. C'est plus sympa.

- D'accord, répond-elle.

- Prenez place sur le divan, si vous voulez des coussins pour le petit n'hésitez pas à demander. Je vois que vous avez apporté des jouets…

- Merci, il va s'amuser à côté de moi.

L'appartement est soigné pour un garçon célibataire. Meublé très simplement. L'heure passe très vite, on parle de choses et d'autres, le travail… il avoue faire divers boulots par intérim. Une de ses sœurs est à l'étrange, ses parents sont au loin, il ne les fréquente guère et se sent assez seul ici.

Elle parle de son travail chez une personne âgée qu'elle aime beaucoup, de son père qu'elle déteste après une enfance très difficile, elle raconte l'abandon du père de son enfant, sa vie en foyer avant d'arriver ici.

- Je vous ennuie avec mes histoires, dit-elle

- Au contraire… cela vous fait du bien de parler à quelqu'un, moi aussi j'en ai besoin de temps en temps. Au travail ce n'est pas facile même si les collègues sont sympas. En intérim je change souvent de boulot je n'ai pas le temps de me faire des amis.

Le temps passe vite, il lui faut regagner son appartement.

- Je vais vous laisser dit-elle, je dois m'occuper de mon fils, le bain, le repas… je le couche tôt. Merci beaucoup de votre accueil…

Elle lui tend la main, il lui fait la bise, elle rougit mais accepte. Il embrasse Thomas puis les reconduit dans le couloir, fait un petit signe de la main et rentre chez lui.

Mauricette monte l'escalier, rentre chez elle. Elle se sent bien seule tout à coup. Pour une fois que l'on s'occupe de nous avec gentillesse, se dit-elle... Tout en donnant le bain à Thomas elle se dit qu'elle n'osera jamais rendre l'invitation, car elle ne voudrait pas qu'il s'imagine qu'elle lui court après.

Jean, lui, ne se pose pas tant de questions, il a compris que cette jeune femme n'était pas bien dans sa peau, une jeune fille fragile et sans doute très vulnérable, une bonne proie pour lui. Il n'en est certainement pas à son coup d'essai.

Jean et Mauricette se revoient plusieurs fois en tout bien tout honneur. Il arrive qu'il achète une petite surprise à Thomas. Mauricette est aux anges, elle s'attache à ce garçon elle sent qu'il va se passer quelque chose, au fond elle le désire. Un samedi, comme souvent en fin d'après-midi, ils se retrouvent chez Jean. Il passe à la vitesse supérieure, devient très entreprenant, se colle à elle sur le divan et l'embrasse. Elle répond à cette étreinte avec plaisir pendant que Thomas joue tranquillement sur sa couverture à côté d'eux. Mauricette se dit qu'elle pourra confier son nouveau bonheur à Hélène et à ses amies du foyer. Tout ce petit monde est bien content pour elle, toutefois Hélène, plus âgée donc plus expérimentée se montre beaucoup plus réservée.

- Sois prudente ma fille il ne faut pas que tu souffres de nouveau. Fais attention…

- Merci de vos conseils Hélène, je serai prudente, promis. Tout va bien pour l'instant, il a du travail, moi aussi, il ne me parle pas beaucoup de ses parents, comme moi il n'est pas en bons termes avec eux. C'est encore un point commun.

Les semaines passent. Jean et Mauricette se voient maintenant régulièrement l'un chez l'autre. Ils vivent pratiquement ensemble, souvent chez elle le soir, c'est plus pratique pour Thomas.

Un jour Mauricette a un doute : elle n'a pas ses règles. Elle en parle à Jean qui a l'air contrarié et lui dit sèchement d'aller au médecin. Ce qu'elle fait. Après une visite au : gynécologue la réponse est sans appel : elle attend un deuxième enfant ! Le soir Jean rentre du travail et monte chez elle comme souvent.

- Alors, quoi de neuf, demande-t-il.

- Je suis enceinte.

- Que vas-tu faire ? Il devient livide. Je dois prochainement partir en déplacement pour mon travail tu vas te retrouver seule avec Thomas, le boulot…Tu n'as pas pris ta pilule ? Pour moi c'est une grosse surprise je ne suis pas prêt à être père…

- J'ai pris la pilule mais il paraît que ça arrive parfois. Et puis je pensais que tu serais content, tu es si gentil avec Thomas, mais ce n'est pas ton fils…

Il insiste :

- Tu penses vraiment le garder ?

Entendant cette phrase, elle reste de glace puis se met à pleurer. Il ne la console pas lui demande de réfléchir et lui dit :

- Je vais aller me reposer, cette nouvelle m'a épuisé nerveusement.

Sur ce il l'embrasse du bout des lèvres et quitte la pièce.

Mauricette s'effondre au sol. Ce garçon si gentil, si prévoyant, si présent pour nous deux…

- Je me suis fait avoir. Hélène avait raison, j'ai été trop crédule… Que vais-je devenir ? Perdre ce bébé ? Je ne le souhaite pas. Jean va peut-être réfléchir, changer d'avis. Hélas non, bien au contraire, les jours suivants il est de plus en plus distant, il trouve toujours un prétexte pour ne pas rester longuement auprès d'elle, lui parle de son départ pour plusieurs semaines sur un chantier à deux cents kilomètres d'ici. Comme il n'a pas de moyen de locomotion il ne rentrera pas toutes les semaines.

- Donne-moi au moins de tes nouvelles, lui dit-elle

- D'accord mais tiens moi au courant de ce que tu as décidé pour l'enfant.

Mauricette sait déjà qu'elle le gardera mais ne dit rien.

Le départ approchant, Jean prépare ses valises. Il passe la soirée chez Mauricette les adieux sont assez froids.

- Tu ne veux pas me donner ta clef pour que je jette un coup d'œil dans ton appartement de temps en temps ?

- Non merci je ferme l'eau, le gaz, l'électricité, il n'y a pas de risques. Je te donnerai une adresse lorsque je serai installé quelque part pour loger le soir.

Elle comprend que plus rien ne sera jamais comme avant. Et avec ce bébé que va-t-elle devenir si Jean la laisse tomber ?

Après le départ elle se confie à Hélène et à une amie du foyer. Hélène pleure

- Tu ne mérites pas ça ma fille. Ce garçon a profité de ta gentillesse, de ta naïveté…

- Peut-être va-t-il changer d'avis, dit-elle tout bas ?

- Je ne crois pas, sa première réaction veut tout dire. Si tu veux garder ce bébé il faut te faire aider par le foyer, eux, au moins, ils ne te laisseront pas tomber. A mon âge je ne peux pas faire grand-chose mais tu sais que tu peux venir ici avec Thomas en dehors du travail…

- Merci Hélène…

Elles s'embrassent avec beaucoup d'affection.

La première semaine du départ de Jean pas de nouvelles… Au début de la deuxième une lettre très courte avec une adresse indiquant où il a trouvé une chambre chez une personne retraitée. Quelques mots sur le chantier qui risque de durer un bon moment. Il ne demande pas de nouvelles précises mais veut simplement savoir ce qu'il en est pour le bébé.

Mauricette attend quelques jours pour répondre, sa décision sera sans retour : elle gardera le bébé et lui dit qu'elle espère qu'il sera présent pour cet enfant. Aucune réponse, aucune nouvelle, Mauricette est très malheureuse. Elle fait des efforts pour Thomas, pour son travail… A plus de deux mois de grossesse, épuisée, elle fait une chute dans l'escalier de son immeuble et perd le bébé. De son côté Hélène est au plus bas. Heureusement les responsables du foyer sont là…

Mauricette sera très présente auprès d'Hélène qui, hélas, décèdera quelques jours plus tard. Un coup dur supplémentaire pour elle.

Par un beau samedi, Jean rentre chez lui pour quelques jours de repos. Pas du tout gêné il monte chez Mauricette pour avoir des nouvelles. Elle le reçoit sur le pas de la porte.

- Tu dois être content j'ai perdu notre bébé. De toute façon tu ne mérites pas d'être père. J'ai beaucoup souffert, je souffre encore, je suis habituée à cela. Mais tu peux repartir tout de suite, je ne veux plus jamais te voir.

Elle pleure doucement, comme du temps où chez elle, son père était odieux. Sa vie est construite pour la rendre malheureuse.

Jean descend sourire aux lèvres, débarrassé d'un problème embêtant. Le voilà tranquille. Il s'en fout ce salaud.

Maintenant Mauricette, il te faut retrouver du travail, tu n'as plus qu'à espérer rencontrer un jour quelqu'un de bien qui puisse entrer dans ta vie et dans celle de Thomas, et ce pour toujours.

Plus jamais elle ne parlera à Jean. Elle est très entourée par les amies du foyer, dont plusieurs ont vécu des drames de même genre. Elles lui conseillent de revenir un peu, de laisser ce logement avec ses souvenirs. C'est ce qu'elle fera… elle retrouvera très vite du travail mais le bonheur se fera attendre… pour certaines personnes le soleil ne brille pas souvent… parfois même jamais.

Martine

Martine, elle, vit dans famille très différente de celle de Mauricette en ce qui concerne le plan social. Trois enfants : le fils aîné fait des études, un tout jeune fils est bichonné amoureusement et Martine est martyrisée dans l'indifférence totale. Madame est très élégante, elle conduit régulièrement le petit à l'école... Comment imaginer ce qui se passe à la maison, une maison coquette dans un bourg de la Manche. A l'école primaire où est scolarisée Martine, les instituteurs et institutrices sont loin de se douter du calvaire que vit cette gosse.

A l'école, elle passe la plupart de son temps à faire des bêtises et, à l'extérieur, elle se fait sans cesse remarquer. Sa mère la fait passer pour une enfant difficile à gérer, elle se plaint sans cesse d'elle :

- Elle est méchante avec son frère, ignoble avec nous, dit-elle.

Dans le quartier où ils vivent, certains voisins ont remarqué que de temps en temps Martine tire le courrier qui dépasse des boites aux lettres. La mère dit qu'elle est voleuse.

Tout le monde croit évidemment ce que dit la mère, y compris les instituteurs.

Martine aimerait bien que l'on comprenne pourquoi elle fait tout cela. Le frère aîné laisse faire, il s'en fout, il réussit dans ses études, il obtient de très bons résultats. Et ses amis ignorent tout de la vraie vie à l'intérieur de ce monde infect. A chaque fois que Martine fait une bêtise, on la fait passer pour folle. Parfois, lors du goûter, elle est privée de nourriture sous prétexte qu'elle n'a pas été sage. Elle se contente alors des miettes sur la table… Dans ce cas aussi, les frères laissent faire. Lorsque le père rentre du travail le soir il a droit à la version de Madame… Et pourtant, à l'école, les enseignants ont remarqué une grande capacité de compréhension chez Martine. Alors, pourquoi cette attitude ? Elle est souvent toute seule dans la cour de récréation car peu de camarades lui adressent la parole. Souvent elle s'isole, doit penser à son retour à la maison, à l'accueil, aux conséquences… Pourquoi ?

Elle est élève au cours moyen deuxième année, doit arriver en sixième au collège de sa ville à la rentrée suivante. En apparence elle a ce qu'il lui faut, vue de l'extérieur on ne peut pas prendre sa mère en défaut mais à l'intérieur, dans la maison, tout continue, humiliations, privations de nourriture, sévices corporels. La mère affirme qu'elle se fait des marques toute seule et tout le monde croit cette charmante maman, sans hésiter. Les vacances terminées, (Martine n'y a pas eu droit, elle est restée seule avec la grand-mère affaiblie), la rentrée au collège se fait. Elle a affaire à une bonne équipe de professeurs. Elle travaille assez bien, mais continue à faire des bêtises à l'extérieur. Quelques enseignants ont remarqué son comportement parfois curieux pendant les cours. Elle semble absente, triste. Ils décident d'entrer en contact avec la famille, et convoquent les parents, pour essayer de comprendre ce qui ne va pas, ce qui lui pose des problèmes.

La mère se présente toute pimpante, sûre d'elle, et va mentir avec aplomb. Elle décrit sa fille comme étant méchante avec toute la maison, passant son temps à faire des bêtises dans le quartier, elle y est maintenant repérée.

- Elle est jeune mais très affabulatrice, croyez-moi ! Elle en raconte ! N'hésitez pas à nous tenir au courant si quelque chose ne va pas, et surtout n'hésitez pas à la punir sévèrement, comme elle le mérite.

Les professeurs sont quand même perplexes. Ils décident de questionner Martine, qui ne dira rien, restant indifférente aux marques d'attention qui lui sont données.

On en reste là. Les semaines passent, Martine semble plus calme, du moins en apparence. Hélas, chez elle rien n'a changé. Elle encaisse les coups sans rien dire. L'année scolaire se termine, elle passe en cinquième sans problème. Son grand-frère entre en terminale et le petit arrive au cours élémentaire.

Personne ne connaitra la vie de cette gamine pendant les vacances. La rentrée se déroule comme la précédente, selon les apparences, « il n'y a rien à signaler ». Mais Martine grandit et commence à cogiter. Dans sa petite tête elle se demande qui elle pourrait bien appeler lorsqu'elle est toute seule, sans nourriture ou presque, sans le droit de boire du soda comme son frère par exemple. Lorsque la famille part le dimanche après-midi en promenade, on ne l'emmène pas, elle reste seule mais dehors, quel que soit le temps, ou alors à quelqu'un mais enfermée à double tour… Elle voudrait en parler à quelqu'un mais personne ne voudra la croire, elle va encore passer pour une folle. Elle commence à en avoir marre de tout cela, il va falloir que ça change, que ça s'arrête. Sa mère est vraiment odieuse avec elle, son grand-frère ne la défend absolument pas, son père donne raison à sa mère par principe, même s'il est moins méchant que son épouse. Pourquoi est-elle victime, ils sont trois enfants, peut-on en aimer seulement deux sur trois ? C'est vraiment trop injuste. Manger les miettes, restriction de tout, jamais un bisou, un câlin, pas de fête d'anniversaire ni de Noel pour Elle, pas la moindre marque d'affection, uniquement de la méchanceté, des claques, des injures, etc. sans que les personnes extérieures à la famille ne s'en doutent.

En fin de cinquième, elle se confie à une camarade de classe :

- Tu sais, chez moi, je ne suis pas heureuse. Ma mère ne m'aime pas, elle me bat. Je ne sais pas pourquoi, aussi, parfois je fais des bêtises car j'en ai marre. Lorsque mon père rentre du boulot, elle lui raconte des mensonges sur moi, il la croit, mon grand-frère fait des études et a le droit à tout et se fout complètement de ce qui peut bien, m'arriver, le petit c'est le roi. Il ne comprend pas tout de ce qui se passe lorsqu'elle fait la brute avec moi, elle agit ainsi le plus souvent quand nous sommes seules toutes deux, sans témoins. Je suis sa tête de turc et c'est plus facile pour elle de me donner une raclée quand il n'y a personne. Et même ma grand-mère est mal soignée.

La petite copine écoute, les larmes aux yeux, elle dont les parents sont si aimants.

- Pourquoi ne parles-tu pas aux professeurs ou à la principale ? Ils pourraient t'aider.

- Cela fait un moment que j'y pense, mais elle me fait passer partout pour une folle, une méchante fille qui ennuie tout le monde à la maison. Elle dit qu'elle essaie de me dresser… Personne ne me croira.

- Ecoute, tu devrais quand même essayer. Cherche quel est le professeur qui serait le plus disposé à t'écouter. Va le voir, donne lui plein de détails sur la vie que as dans ta famille, il va bien comprendre que tu ne peux pas tout inventer. Moi, en tout cas, je vais en parler à mes parents, j'ai trop mal pour toi. Si j'avais su cela en début d'année, j'aurais peut-être pu t'aider d'une façon ou d'une autre. Approche que je te fasse une grosse bise. Pendant la récré n'hésite pas à me parler quand tu en as envie et pense surtout à te confier à quelqu'un avant les vacances.

Dans cette classe, la professeure de français est la plus gentille, la plus proche des élèves. Excellente professeure, exigeante en ce qui concerne le travail, « sévère mais juste » et toujours à l'écoute des petits problèmes des uns et des autres, elle ne refuse jamais le contact en fin de cours.

- Si je parle à quelqu'un ce sera à Madame Michaux.

On attaque le mois de juin, Martine se décide à parler. Une idée lui trotte dans la tête :

- Il faut que je me décide, les cours vont bientôt se terminer. Je vais traîner à la fin de l'heure, faire semblant de chercher quelque chose dans mes affaires et je me retrouverai seule avec elle. Je vais mettre ma copine au courant

- Super, lui répond celle-ci, cela te fera le plus grand bien de te confier. En plus, mes parents sont prêts à répéter à cette personne tout ce que tu m'as confié. Tu n'es pas toute seule. Aie confiance !

Bien que stressée à l'idée de cette rencontre, Martine se sent tout à coup moins isolée, peut-être l'espoir d'être enfin écoutée.

Elle agit comme prévu. La sonnerie retentit, les élèves rangent leurs affaires à toute vitesse et se précipitent dehors. Martine, comme prévu, traîne un peu.

- Que fais-tu ? lui demande Mme Michaux. Tu n'as pas envie de rentrer chez toi ?

Cette phrase glace Martine. Non, elle aimerait tant rester ici. Soudain, elle se lance :

- Madame, je voudrais vous parler

- Des problèmes ?

- Oui madame, mais pas au collège, chez moi, à la maison.

La prof, surprise, regarde la gamine qui devient toute blanche, et lui sourit.

- Allez, approche-toi, raconte moi ce qui ne va pas…

Elle s'approche du bureau, et les larmes aux yeux, commence tout doucement à raconter son calvaire.

- Ma mère ne m'aime pas, elle est très méchante avec moi, me bat, me griffe, me prive de nourriture et de sortie en famille. Mon père ne me défend pas. Mes frères sont gâtés, moi non. Elle me dit sans cesse que je suis laide, folle et me fait passe pour une malade mentale partout quand je fais une bêtise. Mais si je fais des bêtises, c'est pour moi la seule façon de me venger de ses mauvais traitements. Elle me traite de folle et les voisins la croient… Le dimanche quand ils sortent je suis enfermée sans nourriture et il y a des marques sur les bouteilles de jus de fruit pour voir si j'en ai bu. Je suis privée de tout.

Madame Michaux reste sans voix. Elle aussi a les larmes aux yeux après le terrible récit.

- Ecoute, lui dit-elle en la prenant par le cou d'un geste familier, si tu es d'accord je vais en parler à la directrice. Ne montre rien chez toi, nous allons voir ce qu'il est possible de faire pour t'aider à sortir de là.

Martine approuve :

- Je sais, dit-elle, si ma mère apprend que j'ai parlé elle est capable de me tuer !

- Ne craint rien, nous ferons en sorte qu'elle ne se doute de rien. Tu sais, tu n'es malheureusement pas la seule petite fille maltraitée par les parents. Il y en a des quantités… mais il existe des gens qui s'occupent de vous défendre et, éventuellement de vous enlever de votre famille. Ils te trouveront une famille d'accueil qui t'aimera, te fera poursuivre les études si tu le désires, te guidera jusqu'à ta majorité. Tu serais d'accord pour cela ?

- Oui madame, j'en ai assez de souffrir, d'avoir peur, d'être méprisée. Jamais une parole gentille, battue très souvent, une vie pire que celle d'un chien.

- Avant cela tu vas garder un gros secret : je vais te donner mon numéro personnel de téléphone. Cache-le dans un endroit où personne ne peut le trouver sauf toi. Quand j'aurai parlé à la directrice je te dirai ce qu'il faut faire quand tu es seule et en difficulté.

- Merci beaucoup madame, à demain.

Elle descend l'escalier, pour une fois un peu rassurée, elle a un peu plus confiance en l'avenir. Sa copine l'attend en bas et la questionne :

- Alors, lui dit-elle, tu as parlé à madame Michaux ?

- Oui, elle va avertir la directrice, je crois qu'elles vont s'occuper de moi. Je l'espère.

- Je suis contente pour toi. Allez, à demain et elles s'embrassent

Martine fait le chemin qui la conduit à la maison avec la peur au ventre car elle va arriver plus tard que d'habitude et elle craint la réaction de sa mère. Elle entre timidement dans la cour, pousse la porte d'entrée, la mère est là, toute droite les yeux « revolvers ».

- Tu as vu l'heure ? Où traînais-tu sale gosse ?

Et elle lui envoie une gifle magistrale. Une de plus, sans raison, sans attendre une explication.

- Le cours a fini un peu plus tard, répond tout doucement Martine.

- Tu crois que je vais avaler ça, sale menteuse. A cause de toi je vais être en retard pour aller chercher ton petit frère à l'école.

La mère ne voulait pas montrer à la voisine qu'elle laissait Martine devant la porte et n'ayant qu'une clef, a été obligée d'attendre son retour pour partir à l'école primaire.

- Dépêche-toi de rentrer !

Martine entre et tiens, dans sa tête son petit discours habituel :

- Je prends un morceau de pain coupé qui reste du midi dans la corbeille tout sec. Je ne touche pas au frigo, je n'y ai pas droit et elle contrôle tout, elle met des marques, des repères. Je vais boire un peu d'eau au robinet. Heureusement que le midi je mange à la cantine, c'est tellement mieux qu'ici. Ici je mange convenablement suivant l'humeur de la mère, parfois à ma faim, parfois non. Pareil, comme ma chambre est aussi celle de mon petit frère je dois vivre aux horaires de celui-ci, surtout ne pas le déranger, je dois me coucher aux mêmes heures que lui, éteindre la lumière pour qu'il dorme tôt, ne pas le réveiller le matin quand il n'a pas d'école. Et aussi pour la toilette du matin je passe en dernier et je suis obligée de faire vite, après tout le monde car il me reste peu de temps si je veux arriver à l'heure au collège. Quelle vie !

Quelques jours plus tard, après son entretien avec madame Michaux, elle est convoquée au bureau de la directrice pendant une heure d'étude. Elle a peur. Va-t-elle me croire ? Essayer de m'aider ? Sa petite tête est surchauffée… Elle arrive au bureau. Il y la directrice, madame Michaux et le médecin scolaire.

- Entre Martine, lui dit la directrice.

- Bonjour, répond-elle toute tremblante.

- Assieds-toi. Madame Michaux m'a tout raconté. J'en ai parlé avec le docteur qui est là, nous te croyons et nous allons tout faire pour te sortir de chez toi. Les vacances approchent il faut faire vite, il nous reste un mois pour agir. Madame Michaux t'a donné son téléphone personnel, voila ce que tu vas faire. Si tu te retrouves seule et enfermée tu appelles madame Michaux tu lui dis si tu as été battue, si tu as de la nourriture et pour combien de temps ils sont partis.

- Souvent pour la journée le dimanche, dit-elle.

- Tu devras faire comme ça à chaque fois que cela arrivera, en gros raconter ces journées au téléphone. Sois très prudente, personne ne doit savoir, car nous ne pourrions pas agir. Madame Michaux nous tiendra au courant. Nous allons contacter les services de l'assistance sociale. Nous savons que tu te confies à une petite copine. C'est bien mais elle aussi doit garder le secret.

- Oui madame et merci beaucoup.

- Allez, retourne en étude, aie confiance en nous, nous allons tout faire pour arrêter ce calvaire mais comme te l'a dit madame Michaux, tu dois t'attendre à partir de la maison pour aller en foyer ou en famille d'accueil. Nous garderons le droit de te voir pour suivre ta scolarité et prendre de tes nouvelles, savoir comment ça va.

- Oui, madame Michaux m'a expliqué tout ça.

Elle sort du bureau et rejoint l'étude pleine d'espoir. Discrètement elle dit à sa copine (qui lui a gardé une place près d'elle).

- Je t'expliquerai tout cela plus tard, tout s'est bien passé. Cela fait du bien d'être écoutée.

- D'accord, la petite amie est tout aussi ravie.

A la maison tout se déroule malheureusement comme prévu. Le samedi ou le dimanche, lorsqu'ils partent en soirée chez des amis ou en famille, ils laissent Martine toute seule, ils inventent qu'elle ne veut pas venir parce qu'elle est folle ou pas très en forme… Le grand frère sort avec ses copains, et, parfois finit la nuit chez eux. La mère est tranquille, elle ne peut pas avoir de problèmes, elle ne risque rien en agissant ainsi, l'extérieur ne peut pas avoir de soupçons.

Martine applique strictement les consignes que lui a données madame Michaux. Elle l'appelle à chaque fois, lui raconte son calvaire, les raclées sans raison, le manque de nourriture, elle commence à avoir des marques de violence sur tout le corps. La mère s'acharne parfois pour que certaines blessures ne cicatrisent pas…

Pendant ce temps tout se met en place le plus vite possible : collège, médecin, assistante sociale préparent la visite chez les parents, avec pour but l'enlèvement de la fillette. Martine a passé une visite médicale de vérification au collège, le médecin est atterré. On lui a trouvé une place au Foyer de l'Enfance assez loin du domicile actuel en attendant de l'installer dans une famille d'accueil. Elle sera placée, si tout se passe bien, en Seine-Maritime, tout près de Rouen.

Martine est prévenue, elle doit essayer de voir quel est le jour le plus sûr et le moment où sa mère sera chez elle, ne bougeant pas de la maison. L'enlèvement doit avoir pendant la dernière semaine de fonctionnement du collège, vers le 20 juin. Il faut que tout soit bien organisé. Madame Michaux a tout noté, jusqu'au plus petit détail, des confidences de Martine. Tous ces responsables se réunissent : pas de doute cette enfant est en danger, il faut agir. Il faudra que le docteur établisse un certificat constatant les marques existant sur le corps.

Finalement ce sera le dernier mercredi après-midi avant les vacances que « l'assaut » sera donné.

Martine est très inquiète de la possible réaction de sa mère : elle risque de refuser d'ouvrir la porte, de les recevoir... Que va-t-il se passer ? Elle a peur, très peur...

Le jour J arrive. A quinze heures le médecin, l'assistante sociale, madame Michaux se présentent devant le petit pavillon. Madame ouvre et semble surprise de voir tant de monde. On lui explique en long et en large qu'on lui reproche des faits très graves, preuves en mains.

- Nous venons cherche Martine pour la placer dans un Foyer.

Elle traite tout le monde de toute une série de noms d'oiseaux, et essaie de frapper sa fille qui se réfugie près de Madame Michaux, l'insulte également mais, curieusement, ne fait aucune résistance pour l'empêcher de partir. Les intervenants ne sont pas dupes, c'est vraiment une mère indigne. Quelle mère normale laisserait partir son enfant en foyer si elle n'a rien à se reprocher ?

Martine partira quand même en pleurs. Elle sera réconfortée par ses sauveteurs. Et, surprise, avant d'intégrer le foyer elle ira passer une soirée chez madame Michaux et une autre chez sa copine. Les parents de son amie promettent de la prendre une journée de temps en temps pendant les vacances, selon les possibilités. Ainsi, elles pourront se revoir… il ne faut pas casser brutalement des liens d'amitié sincères, elles se reverront régulièrement. Promis !

Martine ne reste pas longtemps au Foyer. Très vite, une famille d'accueil se déclare et elle y est placée, du côté de Canteleu, une petite ville toute proche de Rouen. Des gens adorables, qui, hélas, n'ont pas pu avoir d'enfant. Ils sont famille d'accueil depuis longtemps et sont toujours restés en contact avec les enfants qu'ils ont hébergé. Martine passera la fin de l'été avec eux, ira à la mer, visitera Dieppe, Veules-les-Roses… que du bonheur. Etre embrassée le soir, fêter l'anniversaire, allez chez les amis, elle s'épanouit, découvre la vraie vie.

Rentrée en septembre en classe de quatrième au collège de Canteleu, elle pratique le sport… très bonne élève, ses parents d'accueil sont fiers de ses bons résultats. Martine semble très heureuse dans cette famille. Elle reçoit du courrier de son amie de la Manche mais sa mère ne cherche pas du tout à la revoir. Elle ne la reverra jamais.

La scolarité se déroule à merveille. Après la quatrième, la troisième, elle obtient le Brevet des Collèges avec une excellente moyenne et est admise en seconde au lycée. Elle continue de pratiquer son sport, partage des moments agréables avec des amis, revoit son amie de la Manche et les parents de celle-ci toujours prêts à la recevoir. Elle part en vacances avec sa nouvelle famille, elle est heureuse, semble-t-il.

La seconde se déroule normalement. Toujours de bons résultats, elle adore les cours et commence à parler d'avenir avec les copines et sa famille. Elle aime rendre service, d'un tempérament calme elle explique : si tout va bien, j'aimerais faire l'école d'infirmières. Elle obtient une bourse d'études et ses parents l'encouragent. Veut-elle s'occuper des autres ? C'est une question que l'on ne s'est jamais posée pour elle, que l'on a toujours ignorée, un avenir rejeté à l'avance.

En fin de seconde, elle pourrait entrer en première S mais comme elle n'aime pas trop la physique, entre sans problèmes en Première ES. C'est son choix. Les professeurs sont satisfaits de son travail en première, terminale, elle obtient le baccalauréat avec mention Bien. C'est la fête à la maison et aussi avec les amis. Elle n'oublie pas de faire connaître ses résultats à madame Michaux.

Elle s'inscrit dans une préparation au concours d'infirmières où elle sera élève pendant trois ans.

- C'est une fonceuse, elle y arrivera j'en suis sûre, affirme fièrement sa maman d'adoption lorsqu'elle en parle aux voisins.

Les vacances se passent très bien. Elle part quelques jours chez son amie dans la Manche, qui, elle aussi, a obtenu le bacc et qui se lance dans des études d'informatique.

Elle rencontre madame Michaux avec laquelle correspond régulièrement.

Malgré tout cela, elle pense souvent à son petit frère, elle aimerait bien savoir ce qu'il devient. Il était si jeune quand tout allait mal pour elle. Peut-être un jour, nous nous reverrons ? se dit-elle…

Les vacances terminées elle rejoint sa classe de préparation à l'école d'infirmières. Elle est située à Rouen, Martine va essayer de tout coordonner pour rentrer le soir, tout à fait faisable avec les transports en commun réguliers. Elle organise son emploi du temps. Son père va la chercher de temps à autre pour la rassurer. Il est parfois accompagné de sa mère, qui est toute fière de cette grande fille si agréable.

La rentré se passe bien, les élèves ont l'air sympas, elle se fera vite des amies. Il y a beaucoup de travail, les journées sont longues, sans parler des devoirs à la maison. Question horaires, ça va, pas de problèmes pour vivre à la maison. Le hasard faisant bien les choses, elle rencontre une jeune du lycée qu'elle connaît un peu et discute avec elle le midi pendant les repas. Elles échangent leurs impressions sur les cours, sur la quantité de travail, c'est différent du lycée mais elles s'y sont adaptées. Elle n'a plus le temps de faire beaucoup de sport.

La famille d'accueil insiste pour qu'elle sorte un peu le dimanche avec ses amies.

- Il faut te changer les idées, tu travailles trop, ma chérie…

Au mot « chérie » elle sursaute. Ce mot que jamais sa mère « biologique » n'a jamais prononcé à son égard. Cette mère indigne. Cette mère qui ne s'est jamais battue pour récupérer sa fille, peut-être même contente d'en être débarrassée. Mais pourquoi ? Pourquoi ? Malgré tout l'amour que lui prodigue sa nouvelle famille, cette question la hante et la hantera toujours. Les blessures de son enfance ne cicatriseront jamais.

Martine termine l'année de prépa brillamment puisqu'elle est reçue au concours et intègre l'école d'infirmières sans aucun problème. Elle accomplit des stages dans les hôpitaux, les maisons de retraite. Elle est douce, à l'coute bien que toute jeune, elle est appréciée. Elle a une préférence pour les maisons de retraite les personnes âgées sont souvent seules, certaines reçoivent bien peu de visites. Elle essaiera de choisir à la fin de ses études. Ce ne sont pas les postes qui manquent, elle trouvera rapidement avec un peu de chance, pourquoi pas à la maison de retraite de Canteleu. Il faut déjà boucler les trois années d'école.

En juillet de la fin de la première année, Martine va avoir vingt ans. Sa famille d'accueil lui prépare une surprise en secret. Sont invités ses amis actuels mais aussi sa copine de la Manche. Le samedi matin voit du remue-ménage dans la maison.

- Que se passe-t-il ? demande-t-elle

- Tu as vingt ans demain, lui répond sa mère, il faut que l'on fête ça. Ne demande plus rien, ne pose plus de questions, c'est une surprise.

En fait, la famille a loué une petite salle à Canteleu, pris un traiteur. Ce sera tout simple mais ils sont heureux de la fêter comme elle le mérite. Les amies récentes sont dans la confidence, celle de la Manche arrive le samedi après-midi avec ses parents et sera hébergée chez d'autres amis. On achète des fleurs, on fait le marché comme d'habitude, elle croit que le repas aura lieu à la maison le dimanche midi. Le samedi après-midi elle a rendez-vous chez le coiffeur, pendant ce temps les parents sont tranquilles pour décorer la salle. Le reste c'est l'affaire du traiteur, qui a, de plus, proposé de s'occuper de l'animation. C'est un crêpier professionnel. Les jeunes aiment les crêpes, elles seront diversement garnies et à volonté, puis suivies d'un dessert.

Pour qu'il reste plein de souvenirs de cette fête à Martine, ils ont retenu un photographe qui composera l'album de ses vingt ans. Ce photographe de Canteleu fait de jolies choses, il leur a été recommandé par un ami. « Vous ne serez pas déçus, il est très doué » leur a-t-il dit.

L'amie de la Manche et ses parents sont bien arrivés. Martine ne se doute de rien, même si elle est persuadée que ce sera superbe, elle n'a pas idée de cela…

Dimanche Martine se lève tard, elle récupère de sa semaine, après petit déjeuner et douche elle voit sa mère (elle l'appelle comme ça maintenant) préparer une table et la décorer.

- Tu sais, Martine, j'ai commandé tout le repas chez un charcutier traiteur. Les invités n'arriveront pas avant treize heures, tu viendras donc avec nous chercher les plats.

- D'accord, répond-elle, je serais prête, je vais tout de suite me faire belle, ajoute-t-elle en riant.

Toute la famille est vraiment heureuse de lui offrir cette fête pour ses vingt ans. Onze heures quarante-cinq, tout ce petit monde, parents et Martine, partent pour le traiteur. En route elle s'aperçoit qu'on ne s'arrête pas sur la place du marché, là ou se trouve le charcutier traiteur.

- Que faites-vous ? dit-elle

- Ne te fais pas de souci, nous avons une autre course à faire.

Martine est étonnée de la réponse, elle n'a pas le temps de réagir qu'ils arrivent à la salle, où l'attendent ses amies. Voyant son amie de la Manche elle fond en larmes de joie. Elle revient embrasser ses parents, les remercie mille fois.

La fête est évidemment réussie, repas, photos, chants, discussions… Martine a un mot gentil pour chacun. Elle parle beaucoup. Elle demande des nouvelles de madame Michaux et de ses anciens camarades de classe. Les cadeaux arrivent, elle est gâtée et tellement heureuse.

Elle est un instant songeuse, à quoi pense-t-elle ? Nul ne le saura mais elle ne peut s'empêcher, parfois, de se demander pourquoi sa mère la haïssait… Mais elle revient sur terre bien vite et savoure son bonheur.

La fête se termine en beauté et on se sépare un peu tristes. On était bien ensemble.

Les vacances se terminent et Martine attaque la deuxième année avec de plus en plus de stages pratiques. Elle est de plus en plus attirée par les maisons de traite. Sa vie est bien réglée, études, maisons, amies, quelques sorties.

Elle termine sa troisième année en beauté avec le diplôme en poche. Nouvelle fête. Elle postule pour la maison de retraite, est candidate en tant qu'infirmière au centre hospitalier universitaire de Rouen et à la clinique de l'Europe. Elle apprend deux départs d'infirmières à la maison de retraite pour personnes âgées de Canteleu. Elle demande un poste, on la convoque. Elle est embauchée avec une période d'essai dès le mois de septembre. Elle est folle de joie. Elle travaille dans tous les étages, avec des cas parfois très difficiles, mais ne regrette pas son choix. Ce travail lui plait. Ici aussi elle est appréciée du personnel et de certains malades. Les journées sont longues, elle est parfois de service le dimanche mais ne se plaint jamais. Ses parents sont ravis pour elle, elle n'a pas l'intention de les quitter pour l'instant. Elle vit avec eux, on verra plus tard à prendre un petit appartement pas très loin de chez eux.

Martine a maintenant vingt-deux ans. Ses parents pensent qu'elle devrait sortir un peu plus, fréquenter ses amis. Elle se trouve bien avec eux, raconte ses journées, leur parle des cas difficiles, se repose le dimanche matin quand elle ne travaille pas, sort de temps en temps mais très peu.

A la maison de retraite de Canteleu vient régulièrement un jeune kinésithérapeute qui s'occupe des personnes âgées en difficulté, les fait marcher, les soigne par massage, etc. Elle échange souvent avec lui, ils discutent ensemble des cas particuliers. Le courant passe bien entre eux. Elle le trouve charmant, il leur arrive même de se raconter des blagues. Il lui a confié qu'il travaillait dans un cabinet de Canteleu associé avec un autre kiné.

- Le travail ne manque pas, dit-il, mais, heureusement je m'arrange avec mon collègue pour avoir un samedi sur deux de libre en plus du dimanche, évidemment.

- Moi je ne travaille pas tous les samedis non plus, lui répond-elle, ce qui me permet de profiter de mes amis et de me reposer.

- Alors il faudrait qu'un samedi qu'on se voie devant un verre pour parler de notre boulot et d'autres choses si vous le désirer.

- Pas de problèmes, dit-elle avec un grand sourire. Bien … je termine au deuxième, j'ai encore une petite mamie à voir, Madame Bourgeons, elle est très gentille mais pas bien vaillante…

- A très bientôt, on en reparlera la prochaine fois et on verra en fonction de nos emplois du temps.

- OK et elle tourne les talons et repart à ses occupations.

Il la regarde un instant s'éloigner, rêveur.

Elle rentre le soir chez elle. Après avoir raconté sa journée comme d'habitude elle parle du kiné qui vient régulièrement à la maison de retraite.

- Il est très sympa, il m'a proposé de prendre un verre avec lui un samedi où je serais libre.

- C'est très bien ma chérie, tu as besoin de te distraire un peu. Ce travail est lourd, prenant. Il faut en sortir de temps en temps.

Elle jette un regard à son mari, heureuse de cette confidence. Martine à l'âge des rencontres. Ils espèrent tous deux très sincèrement qu'elle sera heureuse dans sa vie privée. Elle est si douce, elle qui n'a connu que violence pendant toute son enfance.

Le samedi de repos tant attendu de Martine se profile à l'horizon avec le rendez-vous à la clef.

- Il faut, maintenant, m'appeler Clément, lui dit-il, et si vous le permettez je vous appellerai par votre prénom.

- D'accord, lui répond-elle, à samedi vers quinze heures trente au café sur la place de la Mairie.

Ils échangent les numéros de téléphone, on ne sait jamais…

Le samedi arrive. Après avoir averti ses parents, vers quinze heures, Martine part doucement à pied vers le centre ville, ses parents habitant un petit pavillon situé non loin de la forêt. Elle arrive vers 15 h 20. Clément est déjà assis à une table en terrasse.

- Bonjour Martine, que voulez boire ?

- Un jus d'orange.

- Moi aussi.

Le serveur vient prendre la commande et la discussion démarre tranquillement sur leur travail. Puis, très vite, comme ils sont à l'aise, Clément dit avoir un petit appartement à Canteleu. Ses parents habitent Dieppe. Martine, en confiance, dévoile quelques morceaux de sa vie d'enfant. Elle se dit heureuse dans sa famille d'accueil.

Le temps passe, il parle beaucoup et ils sont ravis d'être ensemble. Soudain Martine regarde sa montre, il est dix-sept heures.

- Je ne vais pas vous ennuyer toute l'après-midi avec mes histoires. J'ai passé un bon moment en votre compagnie. Merci.

Clément lui renvoie le compliment et promet de renouveler cette rencontre.

- On se fait la bise ? dit-il. A jeudi au boulot. Il faudra que je vous emmène visiter mon cabinet.

- Avec plaisir, répond-elle.

Clément est troublé, cette jeune fille lui plaît.

- Je dois me débrouiller pour la voir plus souvent, si elle est d'accord.

Martine rentre chez ses parents contente de son après-midi. Ils la trouvent très joyeuse.

- On a beaucoup discuté, dit-elle. Je crois que l'on se reverra en dehors du travail.

- C'est super, dit sa mère. Elle ajoute en la taquinant : peut-être un futur fiancé ?

Martine rougit.

- On verra bien, dit-elle doucement

Les jeudis suivants ne sont plus les mêmes. Ils se croisent, se sourient, discutent entre deux soins à un malade, font des projets pour les samedis libres. Ils se revoient souvent. Martine visite le cabinet de Clément et du kiné associé. Il lui a montré l'endroit où il vivait, sans oser le faire visiter. La rencontre au café est devenue une habitude. Elle lui confie maintenant beaucoup de choses sur son enfance. Il en a été ému, bouleversé et triste pour elle. Il ne trouve pas non plus de raison à la haine que sa mère manifestait à son égard. Un mystère.

Les beaux jours se terminent, les terrasses de café se rangent.

- Martine, il ne fait plus très beau pour être dehors, le prochain samedi je vous emmène chez moi pour boire le jus de fruit ou un thé. On pourra peut-être aussi dîner ensemble chez moi ou au resto, comme bon vous semblera.

Elle est ravie. La présence de Clément la comble, elle voudrait le voir plus souvent, elle en parle à ses amis proches, elle a écrit à son amie de la Manche pour lui en faire-part.

- Je crois que je suis amoureuse, lui a-t-elle dit.

On la taquine un peu :

- Alors, quand vas-tu nous le présenter ton beau gosse ?

- On verra. Je me méfie.

Les camarades éclatent toutes de rire à cette réponse.

Le fameux samedi, celui où elle doit aller à l'appartement, arrive. Elle dit à ses parents :

- Aujourd'hui je vais chez Clément prendre un verre. Si cela se prolonge en repas ne vous inquiétez pas, je vous téléphonerai. Il me ramènera ici si je lui demande.

- Aucun problème ma chérie, lui dit sa mère, si ce garçon est charmant avec toi, profites-en. On te fait confiance. A ce soir.

Clément l'attend comme prévu devant le café.

- J'ai acheté des gâteaux, dit-il, j'espère que vous aimez ça…

- Oui, je serais même un peu trop bec sucré.

Ils arrivent à l'appartement tout proche de la place de la Mairie. C'est un petit F3 au premier étage. Il est bien arrangé, meublé avec goût. Clément a tout préparé sur la table de salon. Il lui tend un petit bouquet de roses

- C'est pour vous, dit-il.

- Merci beaucoup, c'est trop… Elle rougit.

Il sort les verres à orangeade, dresse les gâteaux sur un plat, place des petites serviettes en papier.

Martine est réjouie de cet accueil. Tout se passe à merveille. Clément est assis près d'elle sur le canapé et, de temps en temps il lui prend la main en parlant. Elle ne l'enlève pas. En fin d'après-midi, sentant la séparation approcher, il lui propose d'aller manger une pizza dans Canteleu.

- Je veux bien mais je dois téléphoner à mes parents. Surtout vous me ramenez chez moi s'il vous plaît, je n'aime pas rentrer seule.

- Pas de problème, lui répond-il, tellement heureux qu'elle accepte. Nous n'irons pas trop tard, sinon il y a trop de monde.

Elle l'aide à ranger les petites assiettes dans la cuisine. Il a un lave-vaisselle, c'est super et bien utile.

La pizzeria n'est pas loin de l'appartement. Ils laissent le bouquet au frais.

- Je monterai le chercher en vitesse avant de vous raccompagner chez vos parents.

- Merci dit-elle, c'est gentil.

Ils continuent à discuter ensemble, ils sont bien. Vers 19 h Clément décide de partir à la pizzeria. Elle se lève du canapé, il s'approche, lui dépose un bisou sur la joue gauche. Elle sourit.

Au restaurant, ils prennent une pizza Margarita et de l'eau. Ils n'ont pas l'habitude de boire de l'alcool, juste un peu de champagne dans les grandes occasions. Ils terminent avec un café. Une belle soirée pour tous deux. Comme convenu, vers 22 heures, il va chercher les fleurs et la raccompagne tout près de chez elle. Au moment de se séparer, spontanément, ils s'embrassent avec passion. Il lui dit un mot tendre à l'oreille, c'est le début d'une très belle histoire.

Martine ne cache rien à ses parents qui sont fous de joie. Enfin elle est heureuse sur tous les plans. La vie continue, entre travail et sorties avec Clément qu'elle a présenté à sa famille d'accueil. Il l'emmène dans sa famille un dimanche, tout se déroule parfaitement. Son amie de la Manche est heureuse pour elle, elle en a même parlé à madame Michaux…

Martine est bien, mais il lui manque quelques choses pour que ce soit parfait. D'abord, elle n'arrive toujours pas à comprendre l'attitude de sa mère et, aussi, elle pense à son petit frère, qui doit avoir dix-neuf ans. C'est lui qu'elle aimerait revoir, savoir ce qu'il est devenu.

Un jour, elle se confie à ses parents et à Clément. Sa mère réfléchit et lui dit :

- C'est normal, ton passé ne peut pas être supprimé. Essaie de savoir par ton amie de la Manche s'ils habitent toujours au même endroit… Fais ce dont tu as envie, tu sais je te comprends… si nous pouvons t'aider tu peux compter sur nous.

Clément approuve de la tête ces paroles pleines de bon sens et de générosité. Lui aussi aidera Martine, pas de problème.

Elle écrit à son amie de la Manche pour voir si elle peut l'aider et lui dit ce qu'elle aimerait connaître :

- Voilà, je voudrais savoir ce qu'est devenu mon petit frère. C'est le seul que je regrette de cette famille. Si je le retrouve, je serai complètement heureuse.

A la suite de ce courrier, les parents de son amie de la Manche se renseignent, font leur petite enquête, et le hasard faisant bien les choses, après bien des échanges on finit par savoir que les parents sont partis dans le midi, le grand frère on ne sait pas ce qu'il est devenu mais le petit frère serait pâtissier dans une grande boulangerie à Mesnil-Esnard, tout près de Rouen.

En apprenant cela, le cœur de Martine fait boum boum… Elle en parle tout de suite à ses parents et à Clément. Après bien des discussions avec eux, n'y tenant plus, elle décide un jour de téléphoner à la boulangerie en question pour essayer de confirmer les renseignements. Elle appelle et tombe sur le patron.

- Bonjour Monsieur, je suis désolée de vous déranger. Je m'appelle Martine Legras. Auriez-vous comme employé chez vous, travaillant comme pâtissier un certain Julien Legras ?

Le patron a un moment d'hésitation, c'est normal il y a tellement d'appels stupides au téléphone.

- Oui. C'est à quel sujet ?

A son tour une petite hésitation et puis elle se lance :

- Je suis sa sœur. Notre histoire est compliquée. Je vous donne mon numéro de téléphone. Dites-lui que c'est Martine et que j'aimerais qu'il me rappelle.

Le patron est un peu perplexe mais répond :

- Je ferai la commission.

- Merci beaucoup.

Elle raccroche et craque soudain, pleure longuement. Les souvenirs sont terribles, mais il était si jeune à l'époque. Elle se souvient qu'il se cachait quand elle recevait une raclée. Il était sensible. Pouvait-il faire quelque chose ? Non.

Deux jours se passent, elle perd espoir et puis le troisième jour, le soir, assez tard, le téléphone sonne chez ses parents.

- Bonjour, je suis Julien Legras. Il paraît que ma sœur m'appelé ?

- Je vous la passe. Une minute.

Martine doit tenir le coup car le choc est rude mais elle a beaucoup d'espoir. La communication est terrible. Ils pleurent tous les deux, ils ont du mal à parler. C'est Julien qui, le premier, se décide.

- Je loge chez mes patrons, un petit studio dans le fond de la cour. Ce sont des gens adorables, je travaille beaucoup mais je suis récompensé de mes efforts. Je suis libre le dimanche après-midi et le lundi. Il faut que l'on se voie, nous avons beaucoup de choses à nous dire. Dis-moi au moins si tu vas bien ?

- Je vais bien. Je suis dans une famille qui m'aime. On se rappelle très vite, j'ai hâte de te revoir. Il y a si longtemps que nous nous sommes vus, nous sommes des grands maintenant. Merci, merci Julien. Je t'embrasse.

- A bientôt.

Martine raccroche mais l'émotion est trop forte elle fond en larmes dans les bras de sa mère. Elle se demande si elle ne rêve pas. Elle fait un petit mot à son amie de la Manche pour lui annoncer cette bonne nouvelle, elle remercie ses parents, demande qu'elle prévienne madame Michaux. Elle est contente.

Clément est aux anges, tout heureux pour elle.

Une petite quinzaine se passe et le rendez-vous est fixé à Mesnil-Esnard. Elle veut s'y rendre seule pour la première fois. Elle voudrait bien savoir ce que sa mère a raconté après son départ, et ça, c'est son affaire. Les retrouvailles sont des plus émouvantes. Elle découvre un beau jeune homme très gentil. Ils parlent longuement.

- Tu sais, quand maman te battait, te griffait, te jetait contre le mur, hurlait sur toi, j'avais très mal. J'étais très jeune, j'aurais peut-être dû faire quelque chose mais j'avais peur d'elle lorsqu'elle était en crise. Et pourquoi papa ne disait rien ? Ni notre frère ? Je ne comprenais pas. Plus tard, en grandissant, j'ai essayé de parler de toi avec elle. Je voulais savoir ce que tu étais devenue, elle entrait dans une rage folle et me donnait des claques.

« Ta sœur est une folle, elle est bien où elle est. Je ne veux plus entendre parler d'elle. »

Je ne savais pas à qui parler de cela. J'ai essayé de te retrouver mais en vain. Et là, aujourd'hui, tu es près de moi. C'est un miracle.

Martine pleure doucement, tellement heureuse d'avoir enfin retrouvé son frère. Elle n'est pas étonnée par son récit. Sa mère est vraiment une femme odieuse.

Il lui faudra construire sa vie de femme et de mère avec Clément, mais surtout sans elle. Et elle ne saura jamais le pourquoi de cette haine…

Son frère lui dit qu'il voit ses parents une ou deux fois par an, sans plaisir. Le grand-frère est parti travailler à l'étranger.

- Sois sans crainte, ils ne sauront jamais que nous nous sommes retrouvés.

Avant de se séparer, Martine lui promet de le présenter à sa famille d'accueil et à son Clément.

- Lorsque nous nous marierons tu seras mon témoin, si nous avons des enfants, tu seras le premier parrain.

Ils s'étreignent longuement.

- A très bientôt. Nous ne perdrons plus de temps. On va, j'espère, se voir souvent.

- Oui, répond-il.

Et sur un dernier bisou ils se quittent.

Comme convenu le frère et la sœur se reverront souvent. Julien fera connaissance avec le nouveau foyer de Martine et Clément. Il s'est trouvé une seconde famille bien plus chaleureuse que la sienne, hélas…

Martine, contrairement à la pauvre Mauricette, réussira beaucoup de choses. Le mariage aura lieu, deux enfants naîtront, Martine leur donnera plein d'amour, celui d'une mère qui, elle, n'en a jamais eu petite.

Le frère et la sœur seront toujours très proches. Martine fera le bonheur de sa famille d'accueil. Le père et la mère deviendront, avec joie, d'excellents grands-parents. Parfois une ombre surgit dans sa tête, mais elle ne fait que passer…

Hélas tous les enfants maltraités ne réussissent pas dans la vie comme Martine…

*

Bien sûr, tout n'est pas parfait dans le meilleur des mondes. Il y a des rencontres désagréables, des échanges tendus, allant parfois jusqu'ç l'insulte plus ou moins direct…On a parfois affaire avec des crispés, des jaloux, des prétentieux, des aigris, des sans-cœur, des intolérants… Je me demande parfois si nous sommes du même monde… Il en existe beaucoup plus qu'on ne croit mais leur contact, souvent désagréable, me permet de mieux apprécier les rencontres avec les autres, ceux qui parlent le même langage que moi. L'âge aidant, j'ai appris à oublier, à ignorer, certaines remarques volontairement vexantes. J'ai beaucoup donné de sympathie et j'espère pouvoir continuer à le faire.

Je termine par un grand merci à mes enfants, petits-enfants, parents, à toute ma famille. C'est toujours un plaisir que de discuter avec eux, la chaleur qu'ils m'apportent, leurs expériences qu'ils me racontent, souvent nouvelles pour moi, m'apportent beaucoup. C'est ma joie de vivre.

FIN

Sommaire

Retour en enfance… 6

Petit à petit, la vie se déroule… 9

Le temps passe..11

Les Restos..17

Les bénévoles 19

La retraite. 20

Notre nouveau quartier 26

Les grandes surfaces..28

L'homme au petit chien...30

Les cafés. 33

Les amis malades…...38

Mauricette...41

Martine 72

*